Robert Neuendorf

ICH WAR TELEFONJOKER BEI »WER WIRD MILLIONÄR« UND HABE ABSICHTLICH FALSCH GEANTWORTET

Robert Neuendorf

ICH WAR TELEFONJOKER BEI »WER WIRD MILLIONÄR« UND HABE ABSICHTLICH FALSCH GEANTWORTET

und andere großartige Beichten

von beichthaus.com

riva

Bibliografische Information der Deutschen Nationalbibliothek
Die Deutsche Nationalbibliothek verzeichnet diese Publikation in der Deutschen Nationalbibliografie. Detaillierte bibliografische Daten sind im Internet über **http://dnb.d-nb.de** abrufbar.

Für Fragen und Anregungen:
neuendorf@rivaverlag.de

1. Auflage 2012
© 2012 by riva Verlag, ein Imprint der Münchner Verlagsgruppe GmbH
Nymphenburger Straße 86
D-80636 München
Tel.: 089 651285-0
Fax: 089 652096

Alle Rechte, insbesondere das Recht der Vervielfältigung und Verbreitung sowie der Übersetzung, vorbehalten. Kein Teil des Werkes darf in irgendeiner Form (durch Fotokopie, Mikrofilm oder ein anderes Verfahren) ohne schriftliche Genehmigung des Verlages reproduziert oder unter Verwendung elektronischer Systeme gespeichert, verarbeitet, vervielfältigt oder verbreitet werden.

Redaktion: Marion Appelt
Umschlaggestaltung: Kristin Hoffmann, München
Umschlagabbildung: Hintergrund von iStockphoto
Satz: Georg Stadler, München
Druck: CPI Ebner & Spiegel, Ulm
Printed in Germany

ISBN Print 978-3-86883-247-1
ISBN E-Book (PDF) 978-3-86413-240-7

Weitere Informationen zum Verlag finden Sie unter
www.rivaverlag.de
Beachten Sie auch unsere weiteren Verlage unter
www.muenchner-verlagsgruppe.de

Sex, Liebe, Flirt & Beziehung

Meine Freundin hat mir gerade per SMS mitgeteilt, dass sie in ihrer Mittagspause schnell nach Hause kommt, um mich mit einem Blowjob zu überraschen. Das Dumme ist nur, dass ich mir letzte Nacht dank Internet dermaßen das Schwert geschärft habe, dass es jetzt tierisch gereizt ist. Nun sitze ich hier und überlege mir eine Ausrede, um sie nicht zu verletzen.

Ich sitze gerade in der Bibliothek der Uni Leipzig und schreibe meine Magisterarbeit. Eigentlich. Dabei möchte ich einfach nur die total geile Sau neben mir auf die Toilette zerren und richtig durchf*****. Jetzt ist sie auf einen Kaffee raus und ich kann es endlich posten.

Ich war am Mittagessen-Machen, als mich (w/27) das dringende Bedürfnis nach Sex einholte. Ich masturbierte mit einer frisch geschälten Salatgurke, weil weder mein Freund noch etwas Besseres greifbar war. Eigentlich wollte ich die Gurke schnell entsorgen, aber in dem Moment rief mein Freund an und teilte mir mit, dass er seine Mutter, ein absolutes Schwiegermonster, wie es im Buche steht, zum Essen mitbringen würde. Als Beilage gab es Gurkensalat. Richtig, mit besagter Gurke. Ich musste die ganze Zeit beim Essen an mich halten, um nicht laut loszulachen. Ganz verbergen konnte ich es jedoch nicht, sodass mich mein Freund nachher fragte, was mit mir gewesen wäre. Ich erzählte es ihm unter einem Lachanfall, der ihm die

Tränen in die Augen trieb. Zu meinem Glück nahm er es mit Humor. Am allerliebsten würde ich es der ganzen Welt erzählen.

Ich bin heute zu früh von der Arbeit gekommen und als ich in die Wohnung kam, hörte ich meine Freundin beim Sex mit einer anderen! Daraufhin hab ich ihren Schlüssel genommen und sie in der Wohnung eingesperrt. Die beiden haben 3 Stunden versucht, die Wohnung aufzukriegen, bis ich dann »von der Arbeit kam« und sie erlöste.

Ich stecke gelegentlich meiner Freundin, wenn sie schläft, ein Stück Schokolade in die Unterhose. Wenn sie dann früh aufwacht, hat sie ein ganz schlechtes Gewissen. Sie weiß bis heute nicht, dass es von mir kommt. Fantastisch ist es auch, wenn man z. B. Nussschokolade nimmt.

Mein Exfreund hatte immer die Fantasie, dass die Partnerin, während sie ihm einen bläst, »geile Bratwurst« sagt. Ich habe es gemacht.

Ich bin Maler von Beruf und onaniere immer in die weißen Farbeimer hinein, da ich mir einbilde, dass die Wände dadurch noch mehr funkeln und glänzen. Seit 20 Jahren w****e ich in meine Farbeimer und die Kunden sind hochzufrieden und sagen immer: »Ach schau, wie toll die Wand glänzt. Sie sind ein Zauberer, Herr Maler, ich werde Sie weiterempfehlen.« Ich grinse dann breit und sage: »Jawohl, ich habe die beste Farbe auf der ganzen Welt.« Ich kann mich vor Aufträgen nicht mehr retten, mein Terminkalender ist voll bis zum Anschlag und die Kunden rennen mir die Bude ein. Mir geht es prächtig, auch wenn ich weiß, dass ich mit einer Lüge lebe.

Ich, (w/23) saß heute wegen der Wärme in kurzen Shorts und einem achselfreien Shirt in der S-Bahn. Mir gegenüber saß ein junger Mann zwischen 25 und 30, der mir ständig auf die Beine und in den Schritt starrte und offenbar versuchte, an den Säumen der Shorts vorbeizuspannen. Da wir beide an der Endstation ausstiegen, waren wir die Letzten in der Bahn. Kurz vor der Einfahrt in den Bahnhof stand ich auf, stellte mich vor ihn und zog mir ruckartig Shorts und Slip bis zu den Knien herunter und fragte ihn, ob er nun glücklich sei. Ich habe nämlich kein Problem mit Nacktheit, aber seine Blicke nervten. Ich glaube, der hat noch eine Weile gebraucht, um seine Kinnlade wiederhochzuklappen.

Meine Nachbarn next door haben jeden Tag den wildesten und lautesten Sex, den man sich vorstellen kann. Ich weiß nicht, wie dieses

Pärchen von Mitte 20 das macht. Ich hänge jedes Mal an der Wand und bin wahnsinnig neidisch. Mein Freund hat nur noch ein Dutzend Mal im Jahr Lust und wenn, dann heißt es für mich ... Blowjob: 30 Minuten. Sex: 30 Sekunden.

Ich (w/28) muss was beichten. Vor einem halben Jahr habe ich mir einen Vibrator gekauft. Damit mein Freund ihn nicht entdeckt und weil ich noch kein Versteck gefunden hatte, steckte ich ihn in meine Handtasche und ließ ihn da drin. Das hatte ich bis zum Abend vergessen. Am nächsten Tag habe ich morgens meine Handtasche geschnappt und sie mit ins Büro genommen. Als ich entdeckte, dass er noch drin war, hatte ich plötzlich das dringende Bedürfnis, ihn auszuprobieren. Ich wollte das auf dem Klo machen, aber ich konnte ihn ja nicht einfach so mit dahin nehmen. Dann habe ich ihn unter meinem Schreibtisch eingeführt und ihn so aufs Klo und wieder zurück geschmuggelt. Am nächsten Tag bat mich mein Chef in sein Büro. Er zeigte mir, wie eine Überwachungskamera gut erkennbar gefilmt hatte, was ich an meinem Platz eingeführt und zum Klo geschmuggelt hatte. Er drohte mir mit Kündigung, falls ich so was noch mal machen würde.

Wie die meisten Frauen wissen, ist es am geilsten, sich in der Dusche mit dem Massagestrahl zu befriedigen. Da bekommt man einfach die krassesten Orgasmen. Na ja, und im Schwimmbad bei uns gibt es so Massagedüsen. Und jedes Mal, wenn ich schwimmen gehe, nutze ich diese tollen Dinger, um einen richtig schönen Orgasmus zu bekommen – öffentlich im Schwimmbad.

Mit 14 habe ich (w) in einer bekannten Jugendzeitschrift einen Artikel über das Masturbieren gelesen. Da ich neugierig war, aber keine Ahnung von den aufgeführten anatomischen Begriffen hatte, massierte ich mir daraufhin eine halbe Stunde die kleine Narbe an der Oberlippe. Meine Beichte: Ich war zu blöd zur Masturbation.

Herr, ich habe zu beichten, dass ich (w/21), als ich 13 Jahre alt war, mir regelmäßig Gegenstände in meine Va**** gesteckt habe. Dabei habe ich mir immer vorgestellt, dass es der Schwanz meines damals besten Freundes wäre, doch es hat sich nie so echt angefühlt. Eines Tages bin ich dann auf die Idee gekommen, mir etwas Größeres hineinzustecken. Darum hab ich nach etwas Passendem gesucht und in dem Nachtschränkchen meiner Mutter einen Vibrator gefunden, welchen ich sofort ausprobierte. Nach ungefähr 3 Minuten war ich total am Kommen und begann zu stöhnen. Dabei habe ich nicht bemerkt, dass jemand in das Schlafzimmer meiner Eltern kam. Ich habe also weitergemacht und meine Mutter schaute ganz verwundert auf ihr Bett, als sie mich dort mit ihrem Vibrator erwischte. Das war mir so peinlich – das könnt ihr euch kaum vorstellen!

Da gerade so viele weibliche Mitsünder ihre Selbstbefriedigungspeinlichkeiten beichten, werde ich dies hiermit auch tun: Im Alter von um die 12 Jahre war ich irgendwie ständig dabei, es mir selbst zu machen, allabendlich mindestens 5 bis 6 mal. Ich war so süchtig danach, dass ich es sogar tat, während mein kleiner Bruder im selben Zimmer schlief, meine beste Freundin im selben Bett (als sie fragte, was ich da mache, sagte ich, ich würde mich kratzen) und sogar während einer Autofahrt, bei der meine Mutter und meine Oma (Gott möge mich strafen) vorne saßen. Ich kann mittlerweile nimmer verstehen, wie ich das damals machen konnte, und hoffe nur inständig, dass niemand bemerkt hat, was ich da gemacht habe.

Manchmal rieche ich es, dass Leute Sex hatten, kurz bevor ich sie treffe. Das ist mir total unangenehm, weil ich immer denke, die merken, dass ich weiß, dass sie gerade gepoppt haben. Genauso rieche ich es, wenn Frau-

en menstruieren und keine Tampons benutzen. Finde ich supereklig.

Durch eine Unachtsamkeit meines älteren Bruders habe ich (m) mit 7 Jahren meinen ersten Hardcore-Pornoclip gesehen. Leider habe ich die falschen Schlüsse daraus gezogen: Ich dachte, ein Kind entsteht, wenn der Mann in eines der beiden »Löcher« einer Frau pinkelt. Wochen später war Weihnachten und das alljährliche Familienessen. Am Tisch sagte meine Tante zu meiner Mutter dann in einem Gespräch, sie wünsche sich noch ein Kind, aber es klappe nicht so richtig. Ich wollte dann mit meinem Wissen prahlen und fragte meine Tante vor versammelter Mannschaft, warum denn mein Onkel ein Problem hätte, in sie reinzupissen.

Beim Osterfeuer habe ich (m/19) ein Mädchen getroffen von ca. 20 Jahren, das gut Alkohol getankt haben muss und zudem wirklich rattig war. Wir haben uns dann im Laufe des Abends hinter den nächstgelegenen Busch begeben und sie wollte mich mit ihrem Mund beglücken. Kurz bevor es losging, habe ich sie dann gefragt, ob sie so was häufiger mache, und sie sagte, sie sei total aufgeregt und mache es das erste Mal. Als sie sich dann hinkniete, um anzufangen, hebe ich Idiot einen Ast vom Boden auf, tippe ihr damit auf ihre Schultern und sage: »Hiermit schlage ich dich zur Schlampe 1. Güteklasse.« Sie guckte mich ganz entsetzt an, stand auf und klatschte mir eine. Sie fing an zu fluchen und mich zu beleidigen und haute ab. Ich war dann so sauer auf mich selbst, dass ich mich betrunken habe, um den Mist zu vergessen. Na ja, hat nicht so ganz geklappt und ich ärgere mich immer noch. So was Blödes! Ich bereue.

Ich (m/33) habe im Büro onaniert und dachte, ich sei alleine. Plötzlich geht die Tür auf und eine der Putzfrauen kommt rein, sieht mich und lächelt mich direkt an. Aber anstatt dass sie die Tür wieder zumacht, kommt sie zu mir an den Tisch, bückt sich, fischt den Mülleimer unter dem Tisch hervor und wechselt die Müllbeutel. Beim Rausgehen dreht sie sich noch mal um und sagt: »Den Rest mach ich dann nachher.« Ich hatte immer noch meinen Schwanz in der Hand, zu baff, um was zu sagen, und wollte am liebsten im Boden versinken vor Scham. Ich bereue! Ich will es ungeschehen machen!

Ich habe meinen damaligen Freund beim Fremdgehen ertappt und danach die Beziehung beendet. Da er meinen Auszug aus seiner Wohnung nicht miterleben wollte, ist er auf Kurzurlaub nach Mallorca mit seiner neuen Perle. Allerdings sagte er mir noch kurz vor dem Abflug, ich könnte auch noch mal eben die Blumen gießen. Boah, war ich wütend. Nachdem ich meinen Krempel zusammengepackt hatte, habe ich tatsächlich die Blumen gegossen". In blanker Wut bin ich in den nächsten Drogeriemarkt, habe dort einige Päckchen Kresse gekauft, den Inhalt auf seinen neuen Teppich, auf den er superstolz war (und teuer war er – war so was wie Flokati, ganz weich und langhaarig), gekippt und mit Wasser besprengt. Einen Tag später habe ich noch mal nachgegossen, da waren schon Triebe zu sehen.

In meiner Ehe läuft es nicht mehr so toll. Letzte Woche habe ich meiner Frau anonym einen Blumenstrauß ins Büro geschickt. Sie hat nichts davon erzählt. Das gibt mir zu denken.

Bis vor Kurzem habe ich immer in die Dusche onaniert, denn ich habe festgestellt, dass die Soße im Ausguss hängen bleibt. Mit dieser neuen Erkenntnis habe ich die Sache dann gelassen. Dann freute sich auch noch meine Mutter, dass kein »klebriges Zeugs« mehr im Ausguss ist. Sie könne sich aber nicht erklären, woher das die letzten Jahre gekommen sei. Es tut mir leid, Mami!

Meine Freundin hat mich verlassen, weil ich mit einer anderen im Bett war. Ich muss das jetzt nicht weiter ausführen, von wegen ich bin ein schlechter Mensch und so. Erwähnen kann ich noch, dass sie vorher auch schon mehrmals fremdgegangen ist. Es hatte schon seit Jahren so kleine Fehden zwischen uns gegeben, wir schafften es aber immer wieder, uns zusammenzuraufen. Diesmal aber nicht. Mein Auto steht in einer Tiefgarage, zu der man nur mit einer Chipkarte Zugang hat. Meine inzwischen Exfreundin hat so ein Ding, weshalb ich vermute, dass sie diejenige ist, die das Auto mit irgendeinem Gegenstand, wahrscheinlich einem Baseballschläger, übel zugerichtet hat. Ich bleibe wohl auf dem Schaden sitzen, weil ich sie zwar angezeigt habe, die Polizei das aber nicht zu interessieren scheint und sie auch keine Beweise sicherstellen konnte. Man vermutete sogar eine Zeit lang, ich selbst sei der Täter. Daher hält derzeit auch die Versicherung jegliche Zahlung zurück, trotz Vollkasko. Ich habe eine Woche lang überlegt, wie ich meiner Ex diese Aktion heimzahlen kann, und bin auf die dümmsten Ideen gekommen. Leider waren die meisten davon strafbar und gefährlich. Vor die Wahl gestellt, dachte ich, dass es besser wäre, etwas zu machen, was zwar strafbar, aber nicht weiter gefährlich und dazu noch lustig ist. Ich bin in den Baumarkt gefahren (mit dem Bus) und habe kiloweise Sekundenkleber gekauft. Damit bin ich gestern Abend, als sie arbeiten war, in ihre neue Wohnung gefahren, bin also quasi eingebrochen, was sich leicht bewerkstelligen ließ, da sie nie abschließt. Ich habe alle ihre Schuhe mit Sekundenkleber am Schuhschrank festgeklebt, des Weiteren alle Tassen, die weiter hinten im Küchenschrank stehen, die Bettdecke am Bett, einen Küchenstuhl am Fußboden, ein halb aufgegessenes Steak auf dem Teller, auf dem es lag, und den Teller selbst am Küchentisch. Ihre alte Brille habe ich im Etui festgeklebt, den Heizlüfter am Badezimmerboden und alle ihre Kosmetikartikel aneinander. Den Badvorleger habe ich auch am Boden festgeklebt, sie soll ja nicht ausrutschen, wenn sie wütend aus der Dusche kommt, weil sie gemerkt hat, dass ihr Duschkopf an seiner Halterung klebt. Der Klodeckel klebt an der Klobrille, das Telefon an der Ladeschale. Eigentlich wollte ich noch ihre Akustikgitarre im Koffer festkleben, aber das Instrument tat mir dann doch zu leid. Gerade hat ihre beste Freundin angerufen und gefragt, ob ich noch alle Tassen im Schrank hätte. Ich musste darüber ziemlich lachen.

Meine Frau packt mir jeden Morgen schei* Pralinen in meine Dubbeldose. Dabei hasse ich diese Dinger! Ich trau mich aber nicht, es ihr zu sagen. Sie meint es ja nur lieb! Sorry, Schatz. Jeden Morgen auf dem Weg zur Arbeit pfeffer ich die Dinger aus dem Autofenster. Da müssen mittlerweile Hunderte von liegen!

Es ist schon ein bisschen länger her, dass ich total in Eile durch die Stadt gehetzt bin. Doch ich wollte unbedingt noch ins Solarium. In manchen Sonnenstudios steht ein Solarium im Schaufenster, man sollte also erst den Vorhang zuziehen und sich dann ausziehen. Ich habe nicht einmal bemerkt, dass ich am Fenster war, habe mich schnell entkleidet und druntergelegt. Nach ca. 3 Minuten fing ich an, mir einen runterzuholen! Ich entspannte mich und kam. Ziemlich zeitgleich endete auch meine Bräunungszeit und ich öffnete den Deckel. Dann sah ich erst, was passiert war. Vor dem Schaufenster hatten sich grölende Prolls versammelt, die klatschten und pfiffen. Ich wäre am liebsten im Erdboden versunken. Ich habe mich noch nie so geschämt. Ich zog mich schnell an und huschte raus. Die Männer kreischten, lachten, pfiffen, klatschten und fotografierten mir noch hinterher.

Ich (m/22) komme gerade aus der Kirche und muss beichten, dass ich die ganze Zeit einen Ständer hatte, weil vorne eine verdammt schnuckelige Messdienerin saß, die mich total scharf gemacht hat. Man möge mir die niederen Gedanken in einem Gotteshaus vergeben.

Beim Ausziehen vor dem Sex mit meiner Freundin wollte ich schon immer den von mir veränderten Frühstücksflocken-Slogan »Hol ihn raus, den Tiger, zeig ihr, was du kannst« singen! Hab mich bis jetzt nicht getraut.

Ich (m/24/schwul) habe vor ein paar Jahren mal beim Chatten einen Typen kennengelernt. Es war spät in der Nacht und wir fanden uns unglaublich geil, sodass wir Nacktfotos via E-Mail austauschen wollten, während wir uns einen geschrubbt haben. Ich maile mit meiner Oma (64 Jahre alt, technisch auf dem neusten Stand) regelmäßig. Dummerweise fing die E-Mail-Adresse von dem Typen mit dem gleichen Buchstaben an wie die meiner Oma und eh ich mich versah, setzte Outlook automatisch ihre Adresse statt seiner in die Adresszeile ein. Kurzum: sie bekam Bilder von mir in sehr offensichtlichen Posen. Ich dachte panisch nur: »Scheiße, ich muss mich in ihren E-Mail-Account einhacken, bevor es zu spät ist. So schwer sollte das Passwort einer 64-jährigen Omi doch nicht zu knacken sein.« Leider war sie um 7 Uhr morgens am Wochenende schon wach (ich noch sternhagelvoll, sie wohl beim Kaffee) und antwortete mir via Mail, dass wir uns unbedingt darüber unterhalten müssten. Jede Ausrede war zwecklos, ich war auf den Fotos eindeutig zu erkennen. Ich kann ihr einfach nicht mehr in die Augen schauen!

Ich möchte beichten, dass ich es hasse, wenn ich mit meiner Freundin einkaufen gehe. Da gibt es speziell eine Sache: Sie knotet die Gemüsetüten nicht zu, weil sie der Meinung ist, die Kassiererin würde dann die Luft mitwiegen und das Ganze würde dann aufgrund des vermeintlich höheren Gewichts zu einem höheren Preis kommen. Auch meine Erklärung, dass, wenn die Waage an der Kasse die ganze Zeit Luft »mitwiegen« würde, dies zu einem ständigen Ausschlag führen müsste, ließ sie kalt. Eins vorneweg: Sie ist sehr intelligent und in mancherlei Hinsicht sehr viel cleverer als der eine oder andere hier, aber diese Naivität macht mich fertig.

Gestern wurde ich von einer Kommilitonin in meinem Auto fast aufgefressen. Ich habe ihr zwar gesagt, dass mein Auto kein Love-Mobile ist, doch ihr war das egal und sie hat mir die Kleider vom Leib gerissen und angefangen, mich abzulecken. Dann hat sie mir auch einen geblasen. Und zwar so, dass mir ganz schwindlig wurde. Es war so extrem gut, dass man keinen anderen Sex braucht. Auf jeden Fall hat sie alles geschluckt und einfach weitergemacht, als ich kam. Ich habe gedacht, ich muss sterben, weil ich ja schon gekommen war und sie einfach weitermachte. Ich wollte sie wegziehen, aber sie hat Widerstand geleistet. Ich hatte auch keine Kraft, weil sie einfach saugte und saugte und ich von dem Höhepunkt einfach nicht mehr runterkam. Sie wollte mich also mit meiner eigenen Geilheit umbringen. Als sie dann endlich stoppte, war ich fix und fertig und brauchte 10 Minuten, bis ich wieder sprechen konnte. Ich will beichten, dass ich es trotzdem wieder machen will.

Ich möchte mich bei meiner Stoffenten-Handpuppe entschuldigen, deren Öffnung ich mit 12 Jahren zu meiner Befriedigung benutzt habe.

Ich habe mir in den letzten Jahren das Klarträumen beigebracht. Der Klartraum bzw. der luzide Traum ist ein Traum, bei dem der Träumer sich bewusst ist, dass er träumt. Sowohl das bewusste Träumen als auch die Fähigkeit zum willentlichen Steuern von Trauminhalten ist erlernbar. Ich bin nun schon seit 3 Jahren in einer festen Beziehung. Allerdings habe ich eine weitere imaginäre Freundin, die ich fast jede Nacht besuche. Sie ist braun gebrannt, schlank, hat lange schwarze Haare und ein süßes Gesicht. Ich besuche sie nachts in unserem Strandhaus, wo wir es immer treiben. Der Sex in Klarträumen ist manchmal so real, dass ich schon öfter einen Orgasmus dabei hatte. Irgendwie fühle ich mich aber meiner realen Freundin gegenüber schuldig. Es ist beinahe wie Fremdgehen. Ich weiß nicht, ob ich es ihr beichten soll. Sie hält mich dann bestimmt für total bescheuert.

Ich möchte beichten, dass ich vor ca. 4 Jahren nach der Disco mit der Bahn nach Hause gefahren bin. Es waren kaum Menschen im Zug, nur ich, ein paar Arbeiter auf dem Weg zur Arbeit und ein ziemlich attraktiver Schwarzer. Ich war noch ziemlich besoffen und als ich seinen durchtrainierten Body so musterte, wurde ich total geil. Er hat das ziemlich schnell bemerkt und kam dann unter einem Vorwand näher ran! Beim nächsten Halt musste ich dann raus und er ist ohne Worte mit ausgestiegen. Ich habe ihn dann zu meiner Wohnung mitgenommen und wir hatten stundenlang richtig geilen Sex. Später sind wir ein Paar geworden und jetzt will ich beichten, dass das die Art war, wie ich meinen jetzigen Ehemann kennengelernt habe, und wir uns immer etwas ausdenken müssen, wenn man uns fragt, woher wir uns kennen.

Da mein Partner offensichtlich kein Interesse mehr an Sex mit mir hat, kaufe ich mir morgen einen Dildo, damit ich nicht in absehbarer Zeit fremdgehe. Schließlich liebe ich ihn. Der Dildo wird größer sein als alles, was meine bisherigen Männer zu bieten hatten. Ob es das Problem auf Dauer löst, weiß ich nicht. Auf jeden Fall werde ich ab morgen nicht mehr 25 Stunden am Tag an Sex denken.

Ich (w/30) habe meinem Arzt vorgespielt, ich hätte eine Sehnenscheidenentzündung. Dieser legte mir den Arm in eine Schiene. Das habe ich nur getan, damit mein Freund, der faule Hund, mir endlich mal mehr im Haushalt hilft. Ich schäme mich ganz furchtbar dafür und habe ihm gerade reumütig dabei zugesehen, wie er das Katzenklo saubergemacht und die Wäsche gewaschen hat.

Ich habe vor einigen Jahren abends Langeweile gehabt. Meine Eltern waren meiner Meinung nach nicht zu Hause. Also habe ich die vermeintliche Gunst der Stunde genutzt, um mich nackt mit dem Staubsauger zu vergnügen.

Ihm habe ich mein Glied zum »Reinigen« zugeführt. Über den abendlichen Lärm aus meinem Zimmer und erst recht von Staubsauger-Lärm müssen meine Eltern sehr verwundert gewesen sein. Auf jeden Fall standen sie auf einmal in meinem Zimmer und sahen mich mit dem Staubsauger, der einen Teil meines Körpers verschlang. Tage später sprach mich mein Vater auf den Vorfall an, ob ich wüsste, dass man durch solche Experimente schwere Verletzungen davontragen könne! Heute, im Nachhinein, muss ich Tränen darüber lachen.

Ich habe mich vor Kurzem in den eb*y-Account meiner Exfreundin eingeloggt und bei 4 Artikeln, welche sie reingestellt hat, die Option »Top-Angebot auf der Startseite« aktiviert. Das kostet pro Artikel 79,95 Euro Gebühren. Sie hat das bis heute nicht gemerkt. Das ist jetzt etwa 3 Wochen her. Es kann nicht mehr lange dauern, bis eb*y ihr die Gebühren vom Konto abbucht. Ich fühle mich gut dabei, denn diese Schlampe ist dreimal fremdgegangen, obwohl ich immer treu war. Natürlich weiß ich, dass eb*y die IP-Adressen mitloggt. Deshalb habe ich mich mit meinem Laptop vor ihrem Haus in ihr W-Lan eingeloggt. Das W-Lan inklusive Passwort habe ich schließlich selbst eingerichtet, während sie

damals vermutlich irgendwelche anderen Schw****
gel*****t hat.

Da mein Freund mich nicht beachtet, mache ich
es mir selbst, wenn er neben mir auf der Couch
sitzt. Ich (w/24) liege unter meiner Decke und
schaffe das in 2 Minuten, was er in Monaten
nicht hinbekommt.

Wenn ich Besuch bekomme, vergesse ich manchmal, mein Sexspielzeug im Bad wegzuräumen. Es ist mir immer furchtbar peinlich, wenn ich es zu spät bemerke und schon ein Teil der Gäste auf Toilette war und es genau gesehen hat.

Im Sommer trage ich (w/27) halt ab und zu Röcke. Wenn es mir zu warm ist, lasse ich auch mal den Tanga weg und binde ein Schokoladenosterhasen-Glöckchen an mein Klitorisvorhaut-Piercing. Das bimmelt dann immer so lustig und die Leute wundern sich manchmal, woher das Geräusch kommt.

Ich (m/23) gucke mir gerne mal ein heißes Filmchen am
PC an. Neulich habe ich mir wieder einen schönen 15-minütigen Streifen angemacht und bin kurz vom Rechner weg,

als plötzlich meine Mutter mit meiner Oma ins Zimmer trat. Ich wohne noch bei meinen Eltern und hatte gedacht, ich sei allein zu Hause. Mein PC steht direkt neben der Eingangstür, wenn man also ein paar Schritte ins Zimmer geht, sieht man nicht, was sich auf dem Bildschirm so abspielt. Ich möchte beichten, dass ich meiner Mutter und meiner Oma die mitreißendsten Geschichten aus der Uni, dem Freundeskreis und über die Liebe erzählt habe, nur um die 15 Minuten, in denen der Porno lief, zu überbrücken. Glücklicherweise war der Ton aus. Und obwohl ich durch die Handlung des Films öfter abgelenkt zu werden drohte, gelang mein Kunststück. Meine Oma gab mir am Ende ihres Besuchs 50 Euro und meinte, so gut hätte sie sich noch nie mit mir unterhalten. Gerade deshalb habe ich jetzt ein schlechtes Gewissen.

Ich (w/22) war mit meinem 23 Jahre älteren Freund im Urlaub. In unserem Umfeld wird die Beziehung mittlerweile weitestgehend akzeptiert, aber natürlich gibt es manchmal unangenehme und peinliche Situationen. Wie auch dieses Jahr in Italien. Wir saßen in einem Café am Strand und kamen dort mit einem älteren deutschen Ehepaar ins Gespräch, für das offenbar nicht ersichtlich war, dass wir ein Paar waren. Als wir uns verabschiedeten, sagte die Frau nämlich, dass es sie persönlich sehr freue, wenn ein Vater so ein herzliches Verhältnis zu seiner Tochter habe, da sie selbst nie so eines gehabt hätte. Um mir lange Erklärungen zu sparen, nickte ich einfach und sagte lachend an meinen Freund gewandt: »Komm, Papi!« Ich dachte ja, ich würde die beiden nie wiedersehen – weit gefehlt. Am Abend saß ich mit meinem Freund auf der Terrasse unseres Hotels, wir hielten Händchen und schmusten. Plötzlich sah ich, wie eines dieser komischen Fahrräder für 4 Personen vorbeifuhr, darauf die Frau aus dem Café, die entsetzt zu uns rüberschaute und ihren Mann entgeistert am Arm packte. Ich hätte die Situation gern aufgeklärt, aber sie waren mit dem komischen Gefährt zu schnell weg. Ich werde den Gesichtsausdruck dieser Frau nie vergessen können.

Ich liebe meinen Vibrator mehr als meinen Ehegatten.

Ich beichte, dass ich meinen Freund mit der brennenden Leidenschaft eines geplatzten Blinddarms hasse. Er ist ein umherfickender Autist ohne einen Funken Reue. Sein mildes Intimwaschgel für seinen ach so sensiblen Schwanz habe ich mit meinem Blondierungsmittel gemischt. Jetzt versteht er die Welt nicht mehr und googelt nach diversen Geschlechtskrankheiten, die rot sind und brennen.

Ich (w) hatte mal ein Treffen mit einem Typen, den ich im Internet kennengelernt habe. Er wohnte recht weit weg, sodass ich dort übernachtete. Mir fiel vor der Abreise ein, dass ich für den Fall der Fälle etwas hübschere Unterwäsche bräuchte. Ich habe mir also noch ein paar heiße Höschen besorgt und eines gleich angezogen. Dann saßen wir wirklich in der Nacht ohne Klamotten da. Plötzlich entdeckte er in meinen Schamhaaren das Preisschild von dem Höschen, 7,50 Euro.

Ich hatte mit einem Kumpel Sex auf der Motorhaube des Autos meiner Eltern. Es ging ziemlich heftig zur Sache und die Motorhaube hat eine Delle bekommen. Ich sagte meinen Eltern, dies sei vor einer Disco passiert, wo Jugendliche über die Autos gerannt wären. Seitdem darf ich nicht mehr zu dieser einen Disco.

Ich (m/24) bin seit fast 4 Jahren mit meiner Freundin zusammen und liebe sie über alles. Trotzdem kann ich es einfach nicht ab, wenn sie mich immer gefühlte 4 Stunden vollquatscht mit irgendwelchen Belanglosigkeiten von ihrer Arbeit oder sonst was. Wenn ich nach einem langen Arbeitstag im Bett liege und in Ruhe fernsehen will, quatscht sie mich voll. Wenn wir gerade kuscheln wollen oder mitten im Vorspiel sind, unterbricht sie und fängt an zu labern. Ich HASSE das und hab ihr das auch schon mehrmals gesagt, anscheinend hat sie es aber durch ihr ewiges Gequatsche gar nicht mitbekommen. Sind eigentlich alle Frauen so? Meine Beichte ist, dass ich so tue, als wäre ich ein guter Zuhörer, ich mich in Wirklichkeit aber einen feuchten Dreck darum schere, was sie mir erzählt. Manchmal fühle ich mich deshalb schlecht.

Ich weiß, das klingt jetzt hart, aber ich möchte beichten, dass ich meine Freundin krankenhausreif geschlagen habe. Dazu muss man wissen, dass sie seit knapp 10 Jahren Muay Thai macht und generell viel Aggressionspotenzial hat. Sie hat auch schon 2 Anzeigen wegen Körperverletzung kassiert. Letzte Woche gab es bei uns einen Streit darüber, wer den Geschirrspüler ausräumt. In der Regel mache ich das, aber ich hatte keine Zeit und es daher vor mir hergeschoben, was sie so richtig auf die Palme gebracht hat. Sie kam gerade vom Training und schrie beim Anblick des unausgeräumten Geschirrspülers herum wie eine Irre, dann verpasste sie mir unvermittelt einen geraden Schlag ins Gesicht und hinterher gleich noch einen Kick. Ich war total geschockt und blutete wie ein Schwein aus 2 richtig schönen Platzwunden, als ich mich wieder aufrappelte. Sie stand derweil in Grundstellung und machte Anstalten, mich noch einmal zu schlagen. Ich sah im wahrsten Sinne des Wortes rot, wich ihrem Schlag aus und schlug zweimal hart und schnell zurück. Damit hatte sie wohl nicht gerechnet, denn ich landete leider 2 Volltreffer. Sie fiel mit dem Kopf auf die Kante der Arbeitsplatte in der Küche und hat jetzt ein schweres Schädel-Hirn-Trauma, außerdem hat sie mich wegen häuslicher Gewalt und Körperverletzung angezeigt. Die ganze Aktion tut mir unendlich leid, aber ich weiß nicht, wie weit sie noch gegangen wäre, wenn ich mich nicht gewehrt hätte. Ihr Trainer hat auch schon angerufen und mir gedroht, dass er mich fertigmacht, das kann echt noch heiter werden.

Ich (m/20) beichte, dass ich, wenn mir in der Disco langweilig ist, Penis-Bilder an alle Handys versende, wo zufällig Bluetooth eingeschaltet ist. Mir macht es einen Riesenspaß.

Ich beichte, dass ich mich über einen Kommentar meines Mannes über meine Figur nach der Geburt unseres zweiten Kindes geärgert habe. Daraufhin habe ich seine Lieblingsanzughose zum Änderungsschneider gebracht und sie enger machen lassen. Aber nur ein bisschen. Trotzdem hätte ich es nicht tun sollen.

Ich (m/21) habe mich früher, als ich 14, 15 Jahre alt und dick und hässlich, mich immer ohne Klamotten vor die Tür meiner Eltern gestellt und mich selbst befriedigt, wenn sie Geschlechtsverkehr hatten. Dann, mit 16, war ich wie fast jeden Tag vor ihrer Tür, hatte an diesem Abend aber vergessen, dass meine Großeltern zu Besuch waren. Sie haben mich erwischt, wie ich nackt vor der einen Spaltbreit offenen Tür meiner Eltern stand und mich selbst befriedigte. Als meine Eltern hörten, dass jemand auf dem Flur redet, kamen sie heraus und ich stand splitternackt vor ihnen. Meine Eltern guckten verdutzt, was ich denn dort machen würde? Mir war das so was von peinlich …

Mein Mann (29) bevorzugt seinen PC und nicht mich. Aus blanker Wut darüber habe ich, als er arbeiten war, den Computer aufgeschraubt, mit dem Schraubenzieher auf der Platine herumgestochert und alles wieder fein säuberlich zugeschraubt. Als er dann von der Arbeit kam, schaltete er natürlich zuerst den PC an und erst dann begrüßte er mich. Für wenige Minuten funktionierte alles, aber dann hörte ich schon das Fluchen meines Mannes. Das Resultat meiner Racheaktion war eher ernüchternd. Er hatte schlechte Laune, kaufte sich einen neuen PC, mit dem er noch mehr Zeit verbracht hat, weil er all seine Programme neu installieren musste und von der neuen Technik so begeistert ist. Im Endeffekt habe ich mir ein Eigentor geschossen, denn ich werde nun noch weniger beachtet.

Ich (m/19) stehe total auf eine braunrothaarige Supermarkt-Kassiererin. Aus diesem Grund warte ich immer, bis sie die Kasse übernimmt, und stelle mich dann erst an. Meistens versuche ich, der 7. oder der 8. in der Schlange zu sein, um sie länger zu betrachten. Die Filiale hat 4 Kassen, an der ersten ist immer eine streng riechende Frau, die seltsame Zuckungen am linken Auge hat. Sehr erstaunlich finde ich, dass manche Menschen so wählerisch sind und sich lieber an einer Kasse anstellen, die zwar eine lange Schlange hat, wo aber eine sympathischere Person sitzt. Mir fiel auf, dass sich noch andere junge Männer viel lieber an der Kasse mit der Rothaarigen anstellen. Nur um sie anzugeiern! Bin wohl nicht der Einzige, der auf sie steht. Vielleicht ist es schon Eifersucht, was ich empfinde. Inzwischen habe ich sie kennengelernt, weil sich herausgestellt hat, dass wir die gleiche Berufsschule besuchen. Dort haben wir jetzt öfter Kontakt. Ich will ihr aber nicht gleich an die Wäsche – na ja, noch nicht! Sie ist wirklich etwas Besonderes.

Ich (w) habe vor 3 Jahren erfahren, dass mein Exfreund fremdgegangen ist. Er wusste es nicht und so trafen wir uns bei ihm wie jeden Abend. Als ich ihn darauf ansprach, meinte er nur, er wäre treu! Als er dann schlief, bin ich ins Bad gelaufen und habe meine Kaltwachsstreifen aus meiner Tasche geholt. Dann bin ich zurück ins Schlafzimmer und habe sie ihm überall hingeklebt, wo er Haare hat: Intimbereich, Beine und Brust. Dann schrieb ich ihm noch einen Brief und bin gegangen. Er meldete sich nie wieder und im Freibad war er in diesem Jahr auch nicht.

Ich (w/28) hatte in letzter Zeit ein paar Diskrepanzen mit meiner Mumu und Schmerzen beim Sex. Als der Verkehr wieder problemlos funktionierte, wollte ich meine beste Freundin daran teilhaben lassen und ihr eine SMS schicken mit dem Inhalt: »Der Koitus funktioniert wieder wunderbar.« Weil ich beim Verschicken von Nachrichten direkt auf meine häufigsten Kontakte zugreifen kann, kam es leider, dass ich die SMS aus Versehen an meine Mutter gesendet habe. Ich beichte hiermit, dass ich oft peinlich und ungeschickt bin. Übrigens hat sie mit »Das freut mich, mein Kind« geantwortet.

Meine Freundin ist eine wunderbare Schauspielerin und faked all ihre Orgasmen. Das Traurige daran ist, dass ich es weiß, mir es aber total wurscht ist.

Als mein Freund schlief, bekam er eine SMS um 3 Uhr nachts. Mich packte die Neugier, wer es wohl sein könnte um diese Uhrzeit. Die Nachricht war unwichtig, irgendwas vom Handyanbieter. Als ich dann die nächsten SMS las, dachte ich, ich falle gleich um. Er schreibt ungefähr 4 Weibern, aber 2 ganz intensiv. Dass er sie mag und sie vermisst. Die SMS waren 2 Tage alt. Ich habe mich angezogen, ihm 2 Bier geklaut für den Weg (5 Kilometer) und habe die Tür des Zimmers, in dem er schläft, mit einem Schraubenzieher abgeschlossen, da sie keinen Griff hat. Auf halbem Weg hat er versucht, mich anzurufen. Ich habe ihn aber weggedrückt und mein Handy ausgemacht. In einer Stunde muss er zur Arbeit, aber ich denke mal, dass er sein geliebtes Zimmer, in dem er alle, wie es scheint, flachlegt, jetzt erst mal nicht verlassen kann.

Ich (m/31) inseriere regelmäßig in einem bekannten Online-Kleinanzeigenmarkt in der

Rubrik »Erotische Dienstleistungen". Dort gebe ich mich als attraktives 25-jähriges Girl aus, das Männer anonym und unkompliziert für 30 Euro entsaftet. Dies geschieht meist an stadtbekannten Glory Holes, also meist auf öffentlichen Toiletten. Alles läuft ganz schnell ohne Worte ab. Ich glaube, den meisten Männern ist es egal, ob eine Frau oder ein Mann auf der anderen Seite der Toilettenkabine kniet. Ich bin auf das Geld angewiesen, seitdem ich durch die Finanzkrise arbeitslos geworden bin.

Ich (m/21) beichte, dass ich über Weihnachten nicht nach Hause zu meiner Familie fahre, weil ich plane, über die Feiertage viel Sex mit meiner Nachbarin (33) zu haben. Ich bin vor einem Jahr in eine neue Stadt gezogen, um zu studieren. Vor etwa einem halben Jahr ist dann eine neue Nachbarin eingezogen. Ich hatte leider nie viel Kontakt zu ihr, habe sie auch nur kurz alle 2 Wochen im Flur getroffen. Letzte Woche traf ich sie dann nach dem Einkaufen und sie fragte mich spontan, was ich denn so über die Feiertage machen würde. Wir kamen ins Gespräch und ich sagte, dass ich vielleicht nach Hause fahre, aber noch keine festen Pläne hätte. Sie sagte, dass sie keine Familie hätte, mit der sie hier Weihnachten verbringen könnte, und dass ich ja während der Feiertage mal zu ihr rüberkommen könnte, falls ich nichts anderes vorhabe. Wir könnten uns ja einen schönen Abend machen. Dabei hatte sie einen so rattenscharfen »Nimm-mich-Blick« aufgelegt, dass ich nicht anders konnte, als ihr einen Tag später zuzusagen. Ich werde also die Feiertage mit meiner 12 Jahre älteren Nachbarin verbringen, um mit ihr zu schlafen, anstatt meine Familie zu besuchen. Meinen Eltern werde ich dann morgen irgendein Märchen auftischen, weshalb ich jetzt plötzlich nicht kommen kann. Also, Mama und Papa, es tut mir leid. Aber Papa würde mich sicher verstehen, wenn er diese Wahnsinnsfrau sehen könnte!

Ich habe mir beim Liebesakt die Fingernägel sauber gemacht. Mein Freund war danach ziemlich sauer :-(.

Ich war beim Rammstein-Konzert. Das Beste war, dass die Frau vor mir mir unwissentlich ihre hochgesteckten Haare ins Gesicht drückte und ich ihr Mango-Shampoo roch. Bis zum Konzertende konnte ich nicht anders, als immer wieder daran riechen.

Ich bin 20 Jahre alt und meine Eltern sind sehr konservativ. Wir gehören keiner Kirche an, aber sie bestehen trotzdem darauf, dass ich vor der Ehe keinen Sex habe. Seit 6 Monaten habe ich nun einen Freund, er ist Grieche und ein Jahr älter als ich. Meine Eltern mögen ihn, aber sie wissen nicht, dass wir seit 3 Monaten mindestens einmal pro Tag Sex haben. Und ich rede nicht von normalem Sex, nein, wir haben schon sämtliche Sachen ausprobiert und Spaß daran. Ich kann mir ein Leben ohne Sex nicht mehr vorstellen und als ich heute Morgen nach einer völlig durchtriebenen Nacht von ihm nach Hause kam, sagte meine Mutter zu mir: »Ich habe drüber nachgedacht. Ihr seid so lange zusammen, also ein Zungenkuss ist jetzt okay.« Aha. Ich hoffe, dass sie keinen Herzinfarkt bekommt, wenn sie es mal herausfindet.

Ich (m) wohne jetzt seit einigen Monaten mit meiner Freundin zusammen. Da sie morgens früher aufstehen muss als ich, geht sie abends vor mir ins Bett. Meine Freundin hat einen sehr tiefen Schlaf und wacht auch nicht auf, wenn ich ins Bett gehe. Vor einigen Wochen habe ich mir einen Tick angewöhnt. Jedes Mal, bevor ich zu ihr unter die Decke krieche, schlage ich sie zum Ritter mit meinem »Ritterschwert". Ein leichter Schlag auf die Stirn. Ich weiß nicht, woher dieses Verlangen kommt, aber danach kann ich deutlich besser einschlafen. Ich hoffe, sie wird nie davon wach, denn sie würde sicherlich doof gucken, wenn ich vor ihr mit heruntergelassener Hose stehe und sie zum Ritter schlage.

Gestern verwöhnte ich meinen Mann mit einer Ölmassage. Dabei kam sein kleiner Freund auch nicht zu kurz. Er genoss sichtlich meine entspannende Handarbeit. Wenige Minuten nach der Massage wurden sein Körper und ganz besonders sein bestes Stück feuerrot. Ich hatte Erdnussöl verwendet, worauf er hochgradig allergisch ist. Das war meine Rache für seine Fremdgeherei. Ihm juckt heute noch alles.

Ich hasse es, die Enttäuschung in den Gesichtern der Frauen zu sehen, wenn ich meine Hose ausziehe. Ich möchte, dass sie sich fürchten.

Ich (m) habe seit einem Monat eine neue Partnerin, mit der ich gerne zusammen bin. Wir hatten auch schon einige Male Sex. Was mir jedoch dabei auffällt: Sie gibt total abtörnende Geräusche von sich und verzieht ihr Gesicht unbewusst zu hässlichen Grimassen. Am schlimmsten ist es, wenn ich sie oral befriedige. Ab und zu gucke ich dann hoch, wie meine Arbeit so ankommt. Am liebsten würde ich dann immer gleich aufhören, denn sie verzieht ihr Gesicht vor Erregung wie ein Schimpanse im Zoo. So was habe ich bis jetzt noch nicht erlebt. Ich weiß nicht, ob ich es ihr in Zukunft ausschließlich nur von hinten besorgen soll, damit ich ihr Gesicht nicht sehe, oder ob ich ihr Gesicht mit einer Bettdecke abdecken soll. Nur in vollkommener Dunkelheit Sex zu haben ist auch kein optimaler Dauerzustand. Gegen das Gequietsche und Gegrunze nehme ich mir vor, das nächste Mal beim Sex laute Musik anzuschalten. Ich kann es ihr nicht sagen, da sie das sicherlich alles unbewusst macht und es bestimmt negativ auffassen würde. Ich beichte hiermit, dass ich mich nicht traue ihr zu sagen, dass sie beim Sex Ähnlichkeiten mit Zoobewohnern hat.

Ich habe gestern Nacht meinem Mann vors Schienbein getreten, weil er nicht aufgehört hat zu schnarchen, obwohl ich wie wild an ihm gerüttelt habe. Durch den Tritt waren dann sowohl er als auch ich hellwach, unser Hund schnarchte seelenruhig weiter.

Mein Freund hat während des Sex immer dieses Milchbubi-Gesicht, so wie der Junge auf der Schokoriegel-Packung. Dafür hasse ich ihn.

Gestern vor 25 Jahren habe ich geheiratet. Meine Frau wollte damals ihren Familiennamen nicht ganz aufgeben, sondern einen Doppelnamen annehmen. Da sie schon damals die Hosen in der Beziehung anhatte, konnte ich mich nicht durchsetzen. Deshalb ging ich heimlich zum Pfarrer, der uns trauen sollte, und bat ihn, meiner Frau zu sagen, dass es in unserer Gemeinde nicht möglich wäre, durch Eheschließung einen Doppelnamen anzunehmen. Der machte das dann auch tatsächlich und meine Frau trägt seitdem den Nachnamen Schmidt. Genauso wie ich. Ich habe ihr bis heute nichts davon gesagt, sie hätte wohl auch nach so vielen Jahren immer noch kein Verständnis dafür.

Ich (m/23) bin seit 5 Jahren mit meiner Freundin zusammen. Ca. 4 Jahre habe ich versucht sie zu überreden, dass ich sie beim Sex auch oral verwöhnen darf, weil mich der Gedanke daran immer voll angemacht hat. Leider wollte sie das nie, weil sie sich dabei geschämt hätte und so weiter. Vor ein paar Wochen war meine Freundin nach einer langen Party gut beschwipst und so geil, dass ich sie sogar lecken durfte! Aber das war überhaupt nicht so geil, wie ich mir das immer vorgestellt hatte, irgendwie schmeckt meine Freundin da unten säuerlich komisch, keine Ahnung. Das Problem ist nur, dass sie jetzt absolut Gefallen daran gefunden hat und am liebsten jeden Tag geleckt werden will – aus der Nummer komm ich so schnell wohl nicht mehr raus ...

Ich (w/28) habe mich vor 2 Jahren von meinem damaligen Freund getrennt, weil er mit einer anderen Schnalle fremdging, die nicht nur dieselbe Haarfrisur, sondern auch noch denselben Vornamen hat wie ich. Jetzt haben die beiden auch noch geheiratet und das Hochzeitsfoto landete in der regionalen Gratiszeitung, die jeder regelmäßig bekommt. Ich beichte, dass ich jeden Facebook- & StudiVZ-Kontakt (aus Schul- & Studienzeiten) lösche, der mich jetzt beglückwünscht und mir Komplimente macht, dass ich auf dem Hochzeitsfoto ja so gut und plötzlich so schön schlank aussehe.

Meine Freundin hat nie Lust. Nie! Sie ist mit zweimal Sex im Monat schon total überfordert und fühlt sich unter Druck gesetzt. Nachdem sie gekommen ist, schläft sie meistens ein, egal ob ich schon fertig bin oder nicht. Früher war das anders, aber wenn man 6 Jahre zusammen ist, ändert sich das wohl. Außerdem hatte sie schon mehrere Affären, von denen sie nicht weiß, dass ich das (durch puren Zufall) herausgefunden habe. Deshalb habe ich mir vor längerer Zeit eine Mätresse gesucht. Sie studiert noch, also bezahle ich ihr eine kleine Wohnung in Uninähe. Als Gegenleistung macht sie alle Schweinereien im Bett mit. Sie ist wesentlich hübscher und jünger als meine Freundin. Da ich eh sehr oft ins Fitnessstudio gehe, fällt es meiner Freundin gar nicht auf, wenn ich abends selten da bin. Meine Beichte: Wenn meine Freundin wieder fremdgehen und ich das diesmal ausnahmsweise merken sollte, setze ich sie vor die Tür und lass am selben Abend meine Studentin bei mir einziehen.

Ich wurde damals in einem streng katholischen Kirchen-Camp vom Sohn des betreuenden Pfarrers entjungfert.

Ich (w/17) bin mit meiner Mutter im selben Reitstall. Jetzt im Sommer habe ich gesehen, wie sie auf eine bestimmte Art im Sattel sitzt, um sich Lust zu verschaffen und sich zum Höhepunkt zu bringen. Ich weiß, dass sie es getan hat, weil ich es genauso mache. Aber ich reite dabei einsam über die Felder, wo mich keiner sieht. Meine Mutter hat es direkt auf der gut einzusehenden Koppel getan. Als ich sie drauf ansprach, hat sie mir fürchterlich eine geknallt und mir Konsequenzen angedroht. Es ist dann nichts weiter passiert. Aber selbst befriedigt hat sie sich. Ich weiß es!

Ich (m) möchte beichten, dass ich mir früher öfter selber einen geblasen habe. Leider ist das jetzt nicht mehr möglich, da ich nicht mehr so gelenkig bin und nicht mehr drankomme.

Ich (m/20) habe vor fast genau 2 Jahren meine Exfreundin geschlagen. Ich hätte damals nie gedacht, dass ich dazu fähig bin, doch ich war einfach zu wütend. Sie hat mich betrogen und als ich sie zur Rede stellte, lachte sie mir ins Gesicht und meinte: »Er war deutlich besser im Bett als du.« Daraufhin habe ich ihr gesagt, sie solle sich sofort aus meiner Wohnung verpissen, woraufhin sie dann ihre Flasche Cola auf meinem Teppich verteilte und weiterlachte. Cola geht nicht mehr raus. Ich hab sie gepackt und ihr eine gewaltige Ohrfeige gegeben, scheinbar zu feste, denn sie zeigte mich an und ich musste ein wenig Schmerzensgeld zahlen.

Ich (m/25) habe mir schon vor Jahren abgewöhnt, nach dem Onanieren Wegwerftücher zu benutzen. Daher verwende ich 2 bestimmte Geschirrtücher, welche ich im Wochenwechsel, also nach jeweils 3 bis 4 Benutzungen, bei 95 Grad wasche. Ist hygienisch und für mich kein Problem. Allerdings kommt es öfter unbeabsichtigterweise vor, dass das Tuch offen herumliegt, was daran liegt, dass ich in einem Krankenhauswohnheim wohne (ich bin Pfleger) und daher eher zu meinen Leuten gehe, als mich besuchen zu lassen (durch die verschiedenen Schichten meiner Kolleginnen und Kollegen im Haus ist Feiern aus Rücksicht selten möglich und außerdem sind die Wände papierdünn). Nun kam letzte Woche eine Kollegin mit hoch zum Essen, da wir den Kantinenfraß satthaben. Nach dem Essen wischte sie sich Hände und Mund mit dem bereits einmal benutzten Tuch ab, welches ordentlich gefaltet (und mittlerweile trocken) über einem Stuhl hing. Es sah sauber aus, aber ich hatte es am Vorabend noch gebraucht. Hätte sie gewusst, was sie da im Gesicht hat, hätte sie wohl ihr Essen gleich wieder von sich gegeben. Es tut mir irgendwie leid, aber grinsen muss ich doch, wenn ich sie sehe.

Ich (w/22) habe einen regelmäßigen Studentenjob als Housekeeping-Kraft in einem Fünf-Sterne-Hotel. Heute habe ich einem Gast 3 Kondome aus seiner Kosmetiktasche geklaut. Er hatte noch mindestens 10 weitere darin. Ich habe es getan, weil mein Freund auch Student ist und aufgrund chronischen Geldmangels sich die Sex-Häufigkeit bei uns nach der Anzahl der vorhandenen Kondome richtet.

Wenn ich in der Bahn oder im Bus sitze und es so schön vibriert, presse ich meinen Schritt immer so doll es geht gegen den Sitz. Es macht mich unglaublich geil, wenn es im Schritt vibriert.

Ich (m/20) wohne noch zu Hause. Ich habe eine Vorliebe für Damenwäsche und Kleider. Darum habe ich mir vor einiger Zeit per Internet ein Frauenkleid, einen BH und ein Höschen gekauft. Damit hatte ich bisher meine Freude – bis ich in die Ferien ging. Ich hatte das ganze Zeug zuhinterst im Schrank verstaut, es war alles ziemlich zerknüllt. Als ich aus den Ferien zurückkam, war alles auf magische Weise zusammengelegt. Meine Mutter! Ich habe bis jetzt keinen Mut gehabt, mit ihr darüber zu reden – und sie hat mich auch nicht darauf angesprochen, was mir ehrlich gesagt nur recht ist.

Ich habe mich nach langer Zeit mit meiner Exfreundin wiedergetroffen. Der einzige Grund für die Trennung war, dass ich damals umziehen musste. Sie ist einfach großartig und ich liebe alles an ihr. Sie war absolut perfekt im Bett. Aber irgendwie war alles so bittersüß, weil ich weiß, dass sie alle neuen Tricks von ihrem neuen Freund gelernt hat.

Ich (w/23/BWL-Studentin) habe gerade so lange masturbiert, dass mein rechter Mittelfinger selbst nach dem Händewaschen ganz blass und schrumpelig ist. Wie nach zu langem In-der-Wanne-Sitzen.

Ich hab meiner Freundin einen Dildo zum Geburtstag geschenkt. Noch am selben Tag hat sie mich verlassen. Aber ich wette, sie hat ihre Freude an dem Ding.

Viele junge Mädchen schwärmen für Popstars oder gut aussehende Schauspieler. Bei mir ist es immer etwas anders gewesen, ich finde einen ganz bestimmten Mann schon immer unglaublich anziehend: Wladimir Putin. Auch wenn er schon etwas älter ist und ich bei Gott nicht mit seiner Politik einverstanden bin, irgendetwas an seiner Ausstrahlung und an seinen hart dreinblickenden blauen Augen macht mich irgendwie extrem wuschig. Zu oft habe ich mich lustvollen Tagträumereien hingegeben, in denen wir uns wilden Liebesspielen in russischen Palästen hingeben. Obwohl ich einen Freund habe, wurde ich von meiner Putin-Manie niemals geheilt. Zwar finde ich meinen Liebsten auch sehr anregend, aber wenn wir miteinander schlafen, stelle ich mir manchmal immer noch vor, dass ich das Bett mit meinem verehrten Putin teile. Es tut mir leid, dass ich meinen Freund mental mit einem russischen Präsidenten betrüge.

Ich (w/31) hasse den BlackBerry meines Freundes. Das Ding bekommt einen eigenen Sitzplatz beim Abendessen und er checkt ständig neue Nachrichten. Am liebsten würde ich das Ding ganz unauffällig in eine tiefe Pfütze schmeißen.

Ich (m/28) habe mir vor 13 Jahren beim Onanieren mal die Öffnung der Duschgelflasche auf den Penis gedrückt und Duschgel direkt in meinen kleinen Johnny gepumpt. Keine Ahnung, wie ich auf diese Idee kam. Anfangs war das ein sehr angenehmes Gefühl, doch nach einigen Sekunden fing es an, wie wild zu brennen. Ich konnte 4 Tage kaum pinkeln. Ich bereue, so dumm gewesen zu sein.

Vor einigen Jahren zeigte ein ehemaliger Freund (damals 15 oder 16) mir und ein paar anderen Leuten ein selbst gedrehtes Webcam-Video, in dem er onaniert und seine Gummipuppe durchknallt. Er fand es damals ziemlich witzig. Als ich dann an seinem Rechner saß und er kurz Zigaretten holen war, lud ich das Video bei Youp**n hoch, im Titel seinen realen Namen. Bis heute ist das Video noch online und hat über 1000000

Views, googelt man seinen Namen, erscheint es auf der ersten Seite der Ergebnisse.

Immer wenn ich rausgekriegt habe, dass meine Exfreundin mich mal wieder belogen hat, habe ich ihr, anstatt sie darauf anzusprechen, als Strafe in die Bodylotion gewichst!

Ich (w/19) hasse es, wenn mich ein Kerl beim Sex blöd anguckt oder noch besser fragt, was ich da mache, weil ich von außen nachhelfe! Die meisten Frauen merken innen nun mal nichts und durch reine Fantasie tut sich da halt nichts.

Ich möchte beichten, dass ich meinen ersten Orgasmus mit einem Sofakissen meiner Oma hatte. Dort war ein Loch drin und ich habe das ausgenutzt. Natürlich erschrak ich, weil ich nicht wusste, was dieses weiße Zeug ist. Tut mir leid, Omi, dass ich dein Kissen so missbraucht habe.

Ich kann nicht verstehen, warum ich immer mehr Sex haben will als der Mann, den ich date. Das ist so f*cking unfair!

Manchmal möchte ich meine Freundin einfach mal in den Wäschekorb stopfen und mich draufsetzen. Ob sie da reinpasst? Na ja, ich kann es ja mal versuchen. Es ist nämlich so, dass ich manchmal ihr Gelaber kaum ertrage. Ich liebe sie und lege sehr viel Wert auf die Berücksichtigung ihrer Bedürfnisse. Ich möchte mir aber ein Fußballspiel ansehen, ohne dass sie mir gleich die Fernbedienung an den Kopf wirft! Außerdem sucht sie dauernd körperliche Nähe und möchte fast jede Minute mit mir verbringen. Ist ja auch o.k.! Nur brauche ich mal eine Pause.

Ich (m) pinkel immer ins Waschbecken, weil ich morgens eine Morgenlatte habe und somit nicht sitzen kann und außerdem nicht stehen darf.

Ich hasse das neue Tattoo meiner Freundin! Sie teilte mir letzte Woche mit, dass sie einen Termin im Tattoo-Studio hätte und sich einen buddhistischen Liebesknoten stechen lassen wolle. Gut, habe ich gedacht, der wird schon nicht so groß sein, weil ich Tattoos bei Frauen absolut unschön finde. Jetzt ist sie von ihrem Termin zurück und der halbe Rücken ist tätowiert und noch nicht mal fertig! Ich kriege echt die Krise. Bin schon am Überlegen, ob ich das Ganze nicht beenden soll, weil sie in meinen Augen so viel von ihrer natürlichen Schönheit verloren hat. Bilderbuch lässt grüßen. Mein Gott, bin ich oberflächlich – ist aber nun mal so!

Ich (m/23) bin eigentlich zutiefst heterosexuell und hatte bisher nie irgendein Interesse an Männern. Im Gegenteil, ich fände es furchtbar eklig, mit einem Mann rumzumachen. Bäh! Seit Kurzem jedoch gibt es eine Situation, in der ich für einige Sekunden schwul werde. Es geht um eine Fernsehwerbung. Ein junger, gut aussehender Mann berichtet über Versicherungen, dass er bisher kaum Glück hatte und dass sich das mal ändern sollte. Vielleicht kennt ihr diese Werbung. Auf jeden Fall finde ich diesen Typen wahnsinnig attraktiv. Wie gesagt, ich bin kein bisschen schwul, aber dieser Kerl raubt mir die Sinne. Allein seine Art zu reden finde ich äußerst erotisch, auch wenn er das vielleicht nur schauspielert. Aber auch sein Aussehen imponiert mir, ich finde den Typen einfach nur süß und könnte jedes Mal den Fernseher knutschen, wenn diese

Werbung läuft. Ich schäme mich so dafür, da ich noch nie solche Gedanken hatte und auch sonst bei keinem Mann dieses Gefühl bekomme. Doch dieses Kerlchen aus der Werbung haut mich echt um.

Ich liebe A****löcher. Ich (m/27) meine nicht Menschen, sondern die echten. Sie sind niedlich auf ihre Weise, faltig, wie kleine Sterne. Sie zucken, wenn man sie berührt oder leckt. Hach, das ist einfach eine schöne Sache.

Ich (w/31) hatte vor 2 Tagen ein Date mit einem Kerl, der mir mein geordnetes konservatives Leben gehörig durcheinanderbringt. Er (26) ist ein absoluter Partyfreak und ein echter MacGyver fürs Bett. Unglaublich, wie er mich mit simplen kleinen Dingen um den Verstand bringt. So viel Sex, Drugs and Rock 'n' Roll wie in den letzten Tagen hatte ich im ganzen vergangenen Jahr nicht. Ich beichte, dass mich die Wollust gepackt hat und ich irgendwie nicht aus seinem Bett komme. Ich habe noch kein einziges Weihnachtsgeschenk für meine Eltern, Geschwister und Verwandten. Keine Ahnung, wie ich das noch alles schaffen soll.

Ich treffe bzw. traf mich mit meinem Kumpel ein bis zweimal pro Woche zum gepflegten

Herrenwichsen. Wir schauten Pornos, tranken Bier und massierten uns die Riemen. Wir sind definitiv nicht schwul. Wir hatten beide eine Freundin. Nun ist es so, dass uns meine Freundin viermal dabei erwischt hat. Sie ist völlig ausgerastet, hat die Sachen gepackt und ist zu ihrer Schwester gezogen. Vorher hat sie es der Freundin meines Kumpels erzählt, die ebenfalls Schluss gemacht und ihn rausgeschmissen hat. Jetzt wohnt er erst mal bei mir. Dummerweise sind wir jetzt das Stadtgespräch und alle denken, wir seien schwul. Wir sind beide total fertig und wollen unsere alten Beziehungen wieder zurück. Auch verstehen wir nicht, warum unsere Frauen so ausgetickt sind. Wir sind nicht schwul, sind nicht fremdgegangen, haben unsere Frauen nicht hintergangen oder betrogen. Wir sind echt total fertig.

Ich habe vor Kurzem eine Anzeige auf einer Internetplattform gefunden von 2 lesbischen Frauen, die sich ein Kind wünschen. Darin stand extra »nicht auf natürlichem Weg", also in einen Becher ejakulieren. Als ich ankam und mich ins Wohnzimmer setzte, lag schon alles bereit. Ein Becher stand auf dem Tisch, ein Pornomagazin lag daneben und sie meinten, wenn ich das TV einschalte, wäre direkt ein Pornofilm auf DVD zu sehen. Dann verließen sie den Raum. 20 Minuten später war ich fertig, gab den beiden den Becher und verabschiedete mich. Ob es geklappt hat – keine Ahnung. Die beiden wollen sich melden, wenn sie noch eine Ladung brauchen, weil dies ja selten beim ersten Mal klappt. Was daran schlimm ist und wert ist zu beichten? Ganz einfach, ich habe eine Freundin, die mir den Hals umdrehen würde, wenn sie das erführe. Ich wollte mal zur Samenbank gehen, um ein bisschen Geld zu verdienen, da war sie stinksauer und meinte, wenn ich das mache, würde sie sich trennen. Sie will mein erstes Kind bekommen und es soll nicht irgendeine Fremde sein. Na ja, vielleicht gerade weil sie so reagiert hat, habe ich das für die beiden Frauen gemacht.

Mein Freund weiß nicht, dass ich (w/31) verheiratet bin. Vor rund 10 Jahren bin ich eine Scheinehe eingegangen. Ein Ägypter bot mir damals 60 000 D-Mark dafür ohne weitere Verpflichtungen an. Das war eine Menge Geld für mich. Heute schäme ich mich dafür und versuche, alles wieder rückgängig zu machen. Was leider auch wieder viel Geld und Nerven kostet.

Ich (w) liebe es, knutschende Pärchen so lange anzustarren, bis sie es merken und aufhören.

Ich (m/35) bin Mitglied in einem erfolg- und traditionsreichen Fußballclub im Ruhrgebiet (die mit den blauen Trikots). Ich habe eine Dauerkarte, bin bei fast jedem Auswärtsspiel dabei und das, was man einen typischen Fußballfan nennt. Mein 1. Problem: Ich bin homosexuell. Mein 2. Problem: ich steh total auf den Trainer eines anderen Fußballclubs aus dem Ruhrgebiet (die mit den gelben Trikots). Meine Jungs vom Fanclub wissen weder das eine noch das andere. Und erst recht nicht, dass ich insgeheim dem anderen Verein die Daumen drücke, weil ich den Trainer so süß finde. Wenn die das alles wüssten, würden die mir so richtig eins einschenken. Ich habe nachts manchmal sogar Albträume deswegen. Ich habe unheimliche Angst davor, dass irgendjemand das irgendwann rausbekommt. Ich habe mir sogar überlegt, deswegen nicht mehr zum Fußball zu gehen – aus Angst, mich durch eine dumme Bemerkung zu verraten und die Konsequenzen tragen zu müssen.

Einmal habe ich beim Sex mit meinem damaligen Freund die ganze Zeit ein *Fluch der Karibik*-Poster angestarrt und mir vorgestellt, er wäre Johnny Depp oder Orlando Bloom. Ich fand den Sex gleich viel besser und bin auch schneller gekommen als sonst. Schäme mich aber, dass ich an jemand anderen dachte.

Als ich noch jünger war, wurden bei meinem Dackel Bandwürmer festgestellt. Da meine Exfreundin zu der Zeit etwas mollig war, habe ich den Hund nachts, als sie schlief, ihr übers Gesicht schlecken lassen. 2 Monate später hatte sie 16 Kilo weniger, aber da waren wir nicht mehr zusammen. Ich hab vorher mit ihr Schluss gemacht, weil ich mich nicht mehr traute, sie zu küssen.

Jetzt im Winter, wenn es mal wieder frisch geschneit hat, schreibe ich abends heimlich möglichst groß »I LOVE U« oder so was auf die Heckscheibe meines Autos, damit alle denken, ich hätte ein erfülltes Privatleben. Morgens freue ich mich dann immer, wenn ich die Scheiben vom Schnee befreien muss und »jemand« an mich gedacht hat.

Meine Freundin hat in einer Woche Geburtstag, aber bei uns läuft es im Moment nicht so gut. Ich hoffe, dass wir uns noch vor ihrem Geburtstag trennen, damit ich das Geschenk, das ich für sie gekauft habe, behalten kann.

Ich (m/21) möchte einen meiner Fetische beichten. Ich finde es total geil, wenn weibliche Autoritätspersonen (Chefin, Ärztin, Schulleiterin usw.) mich herumkommandieren. Ich gebe mich dann immer absichtlich begriffsstutzig und unfähig, damit sie mich wie einen Untergebenen behandeln. Es verletzt zwar meinen Stolz, aber ich kann es einfach nicht lassen, das Gefühl ist einfach zu geil.

Ich kopiere immer die Gute-Nacht-SMS von meiner Freundin an mich und schicke sie mit geändertem Namen zurück, weil ich zu faul bin zu schreiben.

Ich (w/29) möchte wirklich meinen Freund verlassen, jedoch hat er Tickets für ein ausverkauftes Konzert im Sommer organisiert. So werde ich wohl noch etwas durchhalten müssen.

Als meine Freundin einen schweren Autounfall hatte, habe ich mir eigentlich nur um meinen geliebten Wagen Sorgen gemacht.

Freunde, Feinde, Nachbarn & die liebe Familie

Ich (m/29) war letztens zum ersten Mal bei meinen Schwiegereltern zum Essen eingeladen. Nach einem leckeren selbst gekochten Menü musste ich dringend auf die Toilette. Doch ich fragte nur, wo ich mir denn die Hände waschen könnte. Mein Schwiegervater gab mir eine Wegbeschreibung und ich fand tatsächlich einen kleinen Raum mit nur einem Waschbecken, Waschmaschine, Bügelbrett usw. Ich merkte schon, wie mein Arsch fast explodierte, und habe deshalb versucht, in dieses Waschbecken zu machen, denn ich erachtete es als unhöflich, dann noch die Toilette zu benutzen, die wohl in einem anderen Raum war. Kurz nachdem ich sehr umständlich auf dem Waschbecken Platz genommen hatte und ich schon um einige Gramm leichter war, ist das gesamte Waschbecken wegen Überbelastung runtergebrochen. Ich habe mir schnell den Arsch mit dem Handtuch abgewischt, das am Waschbecken hing, und nur noch die Flucht ergriffen. Ich habe die Rechnung übernommen, doch ich kann meinen Schwiegereltern nicht in die Augen schauen, seitdem es passiert ist.

Ich habe meinen Kater bei Facebook angemeldet, um zu sehen, wie viele Freunde er bekommen könnte. Er hat nun über 300 Freunde mehr als ich.

Als ich ca. 13/14 Jahre alt war, habe ich (m) mir mal den Spaß gemacht und einen Überweisungsauftrag an meinen Vater mit dem Verwendungszweck »Für sexuelle Gefälligkeiten« abgeschickt. Irgendwie fanden das die Leute bei der Bank aber nicht so witzig und haben gleich die Polizei gerufen. Das war ein Act, bis die mir das abgekauft haben, da die davon ausgingen, ich würde alles verschweigen, weil mich mein Vater bedrohte. Aber nach ein paar Stunden war das zum Glück auch geklärt.

Ich habe vor 3 Wochen aus Versehen eine teure Deko-Kugel bei einem Optiker kaputt gemacht und dann einem kleinen Kind die Schuld in die Schuhe geschoben.

Nachdem mein Nachbar bereits zum zweiten Mal am helllichten Tage in einer Spielstraße eine Nachbarskatze mit seinem überaus hässlichen Fiat Multipla vor meinen Augen absichtlich angefahren hat, habe ich ein neues Hobby. Jeden Abend während des Spaziergangs sammle ich, wie es gesetzlich vorgeschrieben ist, den Kot meiner beiden Hunde auf, um ihn auf dem Rückweg genüsslich in den Garten, am liebsten aber an die Hausfassade oder besser noch direkt ans Fenster dieses degenerierten Idiots zu werfen. Ich müsste die Haufen sowieso entfernen, da kann ich sie doch gleich zu jemandem »schicken«. Damit werde ich nicht aufhören, bis er wegzieht, und wenn ich rauskriege, wohin er zieht, werde ich ihn auch dort sicher das eine oder andere Mal besuchen. Ich hasse einfach solche dämlichen, rücksichtslosen Idioten, denen es Spaß macht, Tiere zu verletzen. In meinen Augen hat dieser sogenannte Mensch es nicht anders verdient, als je-

den Tag die Fenster eines Hauses zu putzen, das nach Hundescheiße stinkt.

Meine Mutter hat mir, als ich etwa 4 Jahre alt war, gesagt, der Vater der Nachbarsfamilie sei Alkoholiker. Ich dachte bis zu meinem 12. Lebensjahr, Alkoholiker sei ein Beruf.

Mir ist vor einigen Wochen etwas Dummes passiert. Ich wollte meiner Freundin, die bei mir wohnt, einen Streich spielen, und habe das Toilettenpapier im Bad bis auf ein »Alibi-Blättchen« entfernt. Sie war zu der Zeit in der Stadt und mein Ziel war, dass sie um Nachschub »betteln« muss. Etwa 1 Stunde später musste ich nach dem Kacken auf Knien zum Schrank robben, weil ich komplett vergessen hatte, dass da ja was fehlte.

Vorletzten Sommer habe ich nachts eine dicke, fette Graspflanze aus dem Garten meiner Nachbarin geklaut. Leider wurde mir die Pflanze wieder gestohlen, bevor ich ernten konnte.

Ich beichte, dass ich als Kind mal ins Katzenklo gekackt habe und meine Mutter sich über den ungewöhnlich großen Haufen unserer Mietzekatze gewundert hat. Das arme Tier musste daraufhin einen Tag fasten, aber ich habe es heimlich gefüttert, es war ja unschuldig.

Als ich 14 war, fand ich auf einer Radtour eine Geldbörse. Ich schaute rein: kein Geld drin, aber Ausweis und Führerschein. Der Besitzer wohnte in einem Dorf ungefähr 10 Kilometer weit weg. Ich strampelte also los und brachte dem Typen seinen Geldbeutel. Ich dachte, er sagt Danke. Denkste! Er machte mich an, was ich mit dem Geld gemacht hätte und ob ich mir davon auch was Schönes gegönnt hätte. Ich stotterte nur herum und sagte, dass ich den Geldbeutel so gefunden hätte, aber er schrie nur herum. Ich war so fertig, dass ich beinahe geheult habe. Wie konnte er das nur machen? Es ging mir tagelang nicht aus dem Sinn. Allmählich baute sich in mir eine ungeheure Empörung auf und die wurde im Laufe der nächsten Tage zu blankem Hass auf diesen Mann. Er wohnte in einem sauteuren Haus mit Mercedes in der Garage und kam daher und machte einen ehrlichen Finder an! Ich radelte mehrere Tage lang nach der Schule hin und observierte ihn. Er machte viel Gedöns um seinen parkähnlichen Garten und dann grub er vorm Haus den Vorgarten aus, brachte neuen Bodengrund auf und säte neuen Rasen. »Na, dir zeig ichs!«, dachte ich. Ich raste los und kaufte in einem Geschäft Samen. Der nächste Tag war ein Sonntag und ich dachte, die pennen alle lange genug. Ich also saufrüh aus den Federn, radelte dahin und die Samen flogen nur so über den frisch eingesäten Rasen.

Von da an kontrollierte ich regelmäßig, immer schön aus der Ferne, damit er mich nicht sah. Der »Rasen« entwickelte sich schnell zum absoluten Renner. Die ganze Nachbarsblase stand da und machte blöde Witze, als da Salat, Edelwicken, farbige Zaunwinden und Mohrrüben und allerlei anderes Kraut hochsprossen und der Typ, der mich so miserabel behandelt hatte, platzte fast vor Wut. Ich freute mich diebisch. Mittlerweile bin ich über 40. Und nun kommt das Ekelhafte: Ich kann nicht locker lassen! Alle paar Jahre radle oder spaziere ich wieder bei dem miesen Sack vorbei und werfe Samen auf sein Grundstück oder ich schmeiße Unkrautvernichter in seine Gartenbeete. Dass ich damals meine kleine Rache wollte, kann ich verstehen, aber ich kann mich selber nicht leiden, dass ich das alle 2 bis 3 Jahre immer wieder tue. Ich habe seither des Öfteren erlebt, wie er dasteht und sich ärgert oder den Kopf schüttelt. Das tut mir unheimlich leid, aber im Jahr darauf mache ich es wieder. Ich habe mir nun vorgenommen, damit aufzuhören. Seit 4 Jahren habe ich ihn in Frieden gelassen, radle aber immer noch regelmäßig dort vorbei. Er erkennt mich natürlich nicht mehr, ich ihn aber wohl und ich schaue zu, wie er in seinem Garten rumtappt und argwöhnisch schaut.

Ich (w/23) möchte beichten, dass ich gestern Nacht betrunken auf dem Friedhof auf das Grab meines kürzlich verstorbenen Stiefvaters gepinkelt habe. Weil ich ihm nie verzeihen werde, dass er mich als Kind vergewaltigt hat und dafür, dank meiner Mutter, nie bestraft wurde. Ich hasse mein Leben!

Ich habe einem Freund vorgeschlagen, mit überkreuzten Armen Fahrrad zu fahren. Er probierte es aus. Nach genau 2 Sekunden kam er ins Schwanken, nahm in seiner Verzweiflung beide Hände vom Lenker und fiel hin. Er zog sich eine miese Platzwunde zu. Ich selbst hatte davor nie ausprobiert, mit überkreuzten Armen zu fahren.

Ich arbeite in einem Café neben einer Behindertenwerkstatt und die »Patienten« kommen jeden Tag dorthin, um etwas zu trinken. Zur gleichen Zeit kommen auch öfters irgendwelche Jugendlichen, die stark zur Hip-Hop-Szene gehören und sich gewaltig über die aus der Behindertenwerkstatt lustig machen. Vorgestern bestellte einer der Jugendlichen eine Cola bei mir und meinte: »Bitte das Glas gut auswaschen, diese Leute sind eklig.« Ich fand dieses Verhalten so dermaßen widerlich, dass ich das Glas eines der weniger glücklichen Kunden nahm, es nicht auswusch, reinspuckte und die Cola servierte.

Bevor ich heute Mittag das Haus verließ, bin ich brav zu meiner Mutter auf den Balkon gegangen, um ihr Bescheid zu geben, dass ich ins Freibad gehe. Dummerweise habe ich beim Verlassen des Balkons den Riegel der Tür zugemacht und meine Mutter ausgesperrt. Erst rund 4 Stunden später konnte ich sie aus ihrer misslichen Lage befreien. Tut mir echt leid, Mama, ich hoffe, du hast mich trotzdem noch lieb.

Mich nervt es tierisch, wenn Leute z. B. beim Chatten oder in ihrem FB-Status Andeutungen machen, die nur darauf abzielen, dass man nachfragt, was denn los sei. Ein Beispiel: »Scheeeeiiiißeeeee!!!« Das zielt nur darauf ab, Aufmerksamkeit zu bekommen, indem ganz viele Leute darauf antworten und fragen, was denn Schlimmes passiert sei. Ich beichte, dass ich darauf (vor allem in Chatgesprächen) bewusst nicht eingehe und mich dann immer freue, wenn die Andeutung noch 3x wiederholt wird und ich sie genüsslich weiter ignoriere.

Ich habe Hypertrichose (extremer Haarwuchs) und mache nur so aus Spaß Menschen Angst damit! Normalerweise habe ich eine Kapuze auf und trage ein Tuch, vom Hals bis zur Nase hochgezogen, sodass man nur meine Augen sieht. Allein deswegen schauen mich die Leute schon komisch an. Wenn sie dies tun, reiß ich mir das Tuch und die Kapuze runter und schrei sie mit derben Tierlauten an. Ich mach das, weil es mir einfach gefällt. Ein paar sind schon deswegen in Ohnmacht gefallen, ich lebe halt mit meiner Krankheit so am besten! Ich will mich bei diesen Leuten einfach mal entschuldigen.

Ich habe mal bei einem Waldspaziergang einen Maulwurf gefunden, der desorientiert am Wegesrand saß. Der umliegende Boden sah nicht so aus, als hätte man sich dort gut eingraben können. Also hab ich den Maulwurf mitgenommen und dann auf einem Stück weichen Boden wieder abgesetzt, wo er sich eingrub und verschwand. Wo war der Boden? Im Vorgarten meines Nachbarn.

Ich habe nach 2 Monaten endlich mein Ladekabel wiedergefunden. Anrufe in Abwesenheit: keine.

Vor ein paar Jahren bin ich (w/32) umgezogen. Der Vermieter warnte mich gleich vor den alten Leuten im Erdgeschoss und meinte, ich solle mich mal lieber gleich vorstellen gehen und fragen, wann ich mit Speicherputzen und so dran sei. Da ich keinen Bock auf Ärger mit den Nachbarn hatte, habe ich das auch schön brav gemacht. Es war dem alten Hausdrachen aber nicht möglich, mir eine genaue Auskunft zu geben. Ich habe noch ein paarmal nachgefragt, aber immer nur blöde

Antworten bekommen, sie könnte mir das nicht sagen oder ich würde das schon merken. Der Nachbarin unter mir hat sie wohl auch keinen Termin nennen können oder wollen (die ist ungefähr zeitgleich mit mir eingezogen). Also haben wir beide den Speicher nicht geputzt. Erstens putze ich sowieso nicht gerne und zweitens schon gar nicht, wenn ich vielleicht gar nicht dran bin. Eines schönen Abends komm ich nach Hause und da klebt an den Briefkästen, schön für alle sichtbar, eine Nachricht für mich und die Frau unter mir: »Frau K☒☒☒☒ und Frau D☒☒☒☒, Speicher putzen!« Ohne Absender, aber der war ja eh klar. Für jeden anderen Mist hat sie einem immer im Treppenhaus aufgelauert, aber das musste jetzt schriftlich sein. Also habe ich erst mal einen Stift genommen und »Zur Kenntnis genommen, K☒☒☒☒« mit Datum, Uhrzeit und Unterschrift draufgeschrieben und bin in meine Wohnung. Dort habe ich sie dann im Treppenhaus meckern hören, was für eine unverschämte Person ich doch wäre. Das wollte ich nicht auf mir sitzen lassen, deswegen habe ich mir sofort einen Besen und Putzzeug geschnappt und bin hoch auf den Speicher. Ich wusste ja, dass ihre Wäsche dort hing. Noch nie in meinem Leben habe ich so schwungvoll gefegt. Beim Wischen hat das Putzwasser ordentlich gespritzt. Nachdem der Speicher blitzte und blinkte, bin ich dann runter und habe »Erledigt« auf den Zettel geschrieben, wieder mit Datum, Uhrzeit und Unterschrift. Ihre Wäsche hat sie dann wohl noch mal waschen dürfen, aber das kommt davon, wenn man die Leute nicht direkt darauf anspricht. Dann passieren eben schon mal solche »Missverständnisse".

Seit 4 Monaten bin ich Au-Pair in Amerika. Mein kleiner Junge, auf den ich aufpasse, ist 5 Jahre alt und kann mittlerweile nahezu einen kompletten Song von Otto Waalkes, »Saufen«, auswendig.

Meine Nachbarn treiben es gerade mal wieder miteinander. Da die Wände so dünn sind, bekommt man es ziemlich gut mit. Ich beichte, dass ich 1. sehr gerne dabei zuhöre und 2. die Spieluhr von unserem Baby aufgezogen und an die Wand gehalten habe. Sollen sie ruhig hören, was bei dem, was sie tun, rauskommen kann.

Ich hasse einen Zahnarzt, der mir 3 Zähne herausgerissen hat, obwohl nur 1 Zahn krank war! Und jetzt brauche ich 2 Implantate. Danke,

Lieber Doktor, ich wünsche dir dreimal so viele Zahnlücken! Gott verzeih mir meinen Hass!

Während meiner Studentenzeit wohnte ich mit einem Studienkollegen in einer 2er-WG. Bei Aufräumarbeiten entdeckte ich ein Paar Handschellen. Schnell war mir klar, wozu diese benutzt wurden, denn schon so manches Mal war mir aufgefallen, dass er am Tag, nachdem er »Damenbesuch« gehabt hatte, an den Handgelenken gerötet war. Aus Jux habe ich dann die Schlüssel zu den Handschellen, welche mit einem kleinen Ring an den Schellen befestigt waren, gegen 2 fast gleiche Schlüssel, die damals zu meiner Geldkassette gehörten, ausgetauscht. Ein paar Tage später war es dann so weit, er hatte wieder Besuch! Und siehe da, mein Streich klappte, denn mitten in der Nacht hörte ich schon, dass er in seinem Zimmer fluchte und dass seine Freundin recht hektisch war. Nach einigem Hin und Her klopfte sie an meine Tür, kam dann aufgeregt und sichtlich verschämt rein und bat mich um Hilfe. Ich konnte mir dann beim Anblick meines lauthals fluchenden WG-Kumpels das Lachen nicht mehr verkneifen, denn er lag auf dem Bett, mit der Bettdecke zugedeckt, und konnte nicht raus, weil seine Hände oben am Bettgestell festgeschlossen waren. Schnell konnte ich helfen, denn ich tauschte die Schlüssel aus und schloss die Schellen auf. Den Tausch haben die beiden in ihrer Aufregung nicht mitbekommen, sie schüttelten nur beide mit dem Kopf, weil sie sich ihrer Meinung nach zu dumm angestellt hatten. Bis heute wissen sie nicht, dass ich dahintersteckte.

Ich habe bei einer Sextreff-Website für Schwule eine Anzeige aufgegeben, wo ich (laut Anzeige angeblich klein, Mitte fünfzig, mit Haarkranz und gut bezahltem Job) nach dominanten, gerne dunkelhäutigen Kerlen mit großem Schwengel suche für alle möglichen Sauereien. Als Nummer habe ich die vom NPD-Bürgerbüro angegeben. Würde gerne das Gesicht vom NPD-Typen sehen, wenn ein Schwarzer anruft, der einem devoten alten Sack seinen 25-Zentimeter-Prügel für Deepthroats und Dehnspiele anbietet.

Ich hasse alle Omas, die im Bus immer den äußeren Sitzplatz einnehmen, nur damit sich niemand neben sie ans Fenster setzt. Ich finde das so was von unverschämt, in einem vollen Stadtbus einen Sitzplatz zu blockieren! Könnte dabei wirklich explodieren. Vor allem wenn man dann noch solche Sprüche wie: »Ja, ja, die Jugend von heute!« zu hören bekommt. Und ich Doofe habe 4 Monate lang im Praktikum im Altenheim den Omsen den Arsch *abgeputzt. Ich könnte wirklich jedes Mal explodieren, wenn ich so etwas sehe!*

Ich fahre einen älteren schwarzen BMW, der auf Deutschlands Straßen nahezu ausgestorben ist. Es ist ein richtiges Liebhaberauto und wird auch dementsprechend von mir gepflegt, damit er später mal das H-Kennzeichen bekommt. Leider wohnen wir in einem Reihenhaus und verfügen über nur eine Garage. Mein Vater hat für mein Hobby keinen Sinn, weshalb sein japanischer Möchtegern-Jeep immer in der Garage steht und ich auf der Straße parken muss. Zudem gibt es bei uns viele Katzen, welche sich besonders gerne auf schwarze Autos legen und damit nicht nur den Lack zerkratzen, sondern auch überall Fußtapsen hinterlassen, sodass man jeden zweiten Tag seinen Wagen waschen könnte. Das ärgert mich wirklich, jegliche Versuche, die Biester von meinem Wagen fernzuhalten, sind bis jetzt gescheitert, und die vielversprechende Methode, die Karosse unter Strom zu setzen, traue ich mich nicht, da wir selbst auch einen Kater haben (der hat aber Angst vor Autos und traut sich nicht mal in die Nähe der Straße). Letztens kam mir auf dem Klo die Idee, wie ich das Katzenproblem lösen kann. Ich bin in den Supermarkt und habe mehrere Dosen Thunfisch gekauft und diesen in einer Nacht- und Nebelaktion häppchenweise in den Radkästen der umstehenden Autos versteckt, nur bei meinem nicht. Seit gut einer Woche habe ich keine Fußtapsen auf dem Auto, dafür haben sich einige Nachbarn bereits über die zunehmende »Katzenplage« beschwert.

Vor 2 Jahren ist mein kleiner Bruder schwer gestürzt und musste ins Krankenhaus. Einer unserer Nachbarn hat es sich nicht nehmen lassen, auf unser Grundstück zu kommen und den Sanitätern bei der Arbeit zuzusehen. Es dauerte länger, unser Treppenhaus ist sehr eng, mein Bruder hatte sich im 2. Stock verletzt. Irgendwann ist der Nachbar dann gegangen. Die Frechheit ist aber, dass er nach 5 Minuten wiederkam, er hatte sich nur ein Käsebrot gemacht, kam damit aber gleich wieder zum Gaffen. Ihr hättet sein Gesicht sehen sollen, als er mich genüsslich in ein Käsebrot beißen sah, als der Sarg von seiner Frau aus dem Haus getragen wurde.

Ich (w/32) möchte beichten, dass ich meine beste Freundin beim Jugendamt angeschwärzt habe. Ich konnte es nicht mehr ertragen, wie sie mit ihren beiden Kindern umging. Dachte eigentlich, sie bekäme eine Hilfe, nur sind sie zurzeit leider bei Pflegeeltern untergebracht. Das wollte ich nicht. Mein schlechtes Gewissen bringt mich um, denn sie kennt die Wahrheit nicht. Sie überlegt mit mir zusammen, wer ihr so was antun konnte, und heult sich ständig bei mir aus. Ich kann ihr nicht mehr in die Augen schauen. Was soll ich tun?

Ich wohnte mal in einem Haus, wo andauernd die Polizei aufschlug, weil immer etwas war. Mal war es der Psychopath über mir, der genau um Mitternacht die Anlage bis zum Anschlag aufriss, mal die Assifamilie unter mir, die den ganzen Tag lang randalierte. Nachts konnte ich wegen der Bande oft kein Auge zudrücken. Als ich schließlich mal erkrankte, war der Zeitpunkt gekommen, mich zu rächen, da alles gute Zureden nichts half. Ich hatte mich irgendwo mit Windpocken angesteckt. So habe ich die Türklinken des Psychos über mir und die der Assifamilie schön mit meinen infizierten Händen bearbeitet, auch die Schlüssellöcher, damit es auch klappte. Wenige Tage später war es auf einmal totenstill im Haus. Keine laut aufgedrehte Anlage mehr, keine Randale, kein Gebrüll. Wie ich erfuhr, lag das halbe Haus elend darnieder. Ich habe selten so gut gepennt wie in der Zeit.

Meine Nachbarin aus dem Erdgeschoss hat für mich mal ein Paket entgegengenommen, in welchem ein Vibrator war. Sie behauptete jedoch, dies nicht getan zu haben. Sehr glaubwürdig, wenn bei mir eine Postkarte landet mit »Ihr Paket wurde von Frau X entgegengenommen«. Ich stritt

mit ihr nicht lange und zeigte ihr auch nicht die Karte, da der Inhalt eh nur einen Zehner gekostet hatte. Auf Rache sann ich aber dennoch. Als sie mal einkaufen ging und die Terrassentür währenddessen offen ließ, huschte ich hinein, suchte den Vibrator und fand ihn in der Nachttischschublade – wer hätte das gedacht. Ich bepinselte ihn sorgfältig mit Da'Bomb-Soße, falls die jemand kennt. Man kann mit einer Messerspitze davon einen Teller Suppe sehr gut würzen. Ich weiß nicht, ob sie immer noch scharf ist, wenn man sie antrocknen lässt, aber ich hoffe es.

Heute hat mich ein Ortsunkundiger aus dem Auto heraus nach dem Weg gefragt. Ich weiß nicht, warum, von Natur aus bin ich ein sehr ehrlicher und ehrenvoller Mensch, aber die Art, wie er mich unvermittelt aus seinem Wagen ohne einen Gruß oder eine Nettigkeit gestresst anrotzte, veranlasste mich, den Mann absichtlich auf die Autobahn zu schicken (natürlich komplett falsche Richtung), wo er dann die nächsten ca. 30 bis 40 Kilometer nicht abfahren konnte. Wäre er doch ein wenig höflicher gewesen ...

Gerade eben rief mich ein Callcenter-Typ von einer dieser nervigen Werbefirmen an. Als er nach meinem Vater fragte, sagte ich ihm, dass dieser heute Morgen verstorben sei. Er möge bitte alle Daten von meinem Vater und mir in seiner Datenbank löschen, da ich jetzt ins Ausland gehen würde. Er bat natürlich vielmals um Entschuldigung und schwor, dass das nie wieder passieren wird. Mein Vater war übrigens direkt neben mir und hat sich das Lachen kaum verkneifen können.

Als ich klein war, musste ich bei meiner Tante immer einen sehr ekelhaften Obstsalat mit weiß Gott was für komischen Sachen drin essen. Da weigern nichts half, ging ich dazu über, das Ganze in einer der großen Bassboxen der teuren Anlage meines Onkels zu entsorgen. Irgendwann fing es an zu stinken, ich tat noch unschuldig, aber als die Box dann geöffnet wurde ... An den Anschiss erinnere ich mich nicht gern.

Gestern, einem sonnigen Tag, lief ich durch die Saarbrücker Innenstadt. Dort stehen zurzeit Tierschutzaktivisten und sprechen Leute an. Ich gehe also meines Wegs, als eine Dame auf mich zukommt und meint: »Guten Tag, sind Sie Tierfreund?«, woraufhin ich unbedacht sage: »Joa, wenn sie denn schmecken!« Ich denke, der Blick der besagten Dame wird mich längerfristig verfolgen.

Mein Nachbar hat einen echt nervigen Wecker, so richtig furchtbar schrill, nicht wie die normalen Wecker, nein: Es

ist schon fast unmenschlich. Da unsere Fenster genau gegenüberliegen und der gute Mann zu allem Überfluss nahezu immer mit offenem oder gekipptem Fenster schläft, kam es fast jeden Tag vor, dass sein Wecker auch mich aufweckte, echt hart, da war morgens um 5:30 Uhr der Tag schon gelaufen. Das störte mich echt, hatte ihn schon drauf angesprochen, er hat nur dumm gelacht und gedacht, ich wollte spaßen oder so. Keine Ahnung, er hat es nicht ernst genommen. Lange habe ich überlegt, was ich machen soll. So dachte ich mir, ihn mal mit seinen eigenen Mitteln zu bekämpfen: Also habe ich, bevor ich in den Sommerurlaub gegangen bin, 2 Wecker gestellt: einen auf 3:00 Uhr und einen auf 04:30 Uhr. Diese beiden Wecker habe ich auf der Fensterbank deponiert, den Rollladen fast ganz runter gemacht und das Fenster ganz auf. Ja, ja, ich dachte, das würde ihm eine Lehre sein. Als ich nach 10 Tagen wiederkam, gerade in die Einfahrt fuhr, kam mir der nette Mann schon entgegen. Ich hab noch nie jemanden gesehen, der so fertig aussah. So was von übermüdet und kaputt, war echt kein schöner Anblick. Seltsamerweise hörte ich einen der beiden Wecker schellen (es war gegen 20:00 Uhr abends). Der Mann winselte mich an, ich solle bitte, bitte den Wecker ausstellen. Ich habe erst einmal so getan, als hätte ich keine Ahnung: »Wecker ausstellen?? Oh, muss vergessen haben, ihn zu deaktivieren, bevor ich gegangen bin ...« Was dann kam, war echt hart: Der Mann erzählte, dass dieses Weckgeräusch seit dem 1. Tag meiner Abreise, beginnend um 3:00 Uhr, alle 10 Minuten zu hören wäre. Die ganzen Tage meiner Abwesenheit hindurch. Hab ich doch tatsächlich vergessen, dass der eine Snooze-Funktion hat. Wenn man ihn nicht ausstellt, dann beginnt er 10 Minuten später noch mal zu *schellen. So lange, bis man ihn abstellt. Ich habe seitdem keinen Wecker mehr bei meinem Nachbarn klingeln gehört.*

Zwischen meinem 13. und 15. Lebensjahr habe ich geraucht wie ein Schlot. Meine Eltern wussten von nix. Ich konnte das damals ziemlich gut verheimlichen, bis mein Vater eines Tages beim gemeinsamen Frühstück die Zeitung aufschlug. Unter der Überschrift »Rauchende Kinder: Die dramatischen Folgen« war ein Bild von mir zusammen mit meinen Kumpels. Irgendein Fotograf der Regionalzeitung hatte uns unbemerkt auf dem Schulhof mit Zigarette im Mund und in einer Rauchwolke stehend fotografiert. Das gab mächtig Ärger.

Damals, als ich ca. 10 Jahre alt war, wurde ich von meiner Familie gezwungen, am Karnevalszug teilzunehmen. Damit, 5 Stunden durch die Kälte zu laufen und Süßigkeiten sinnlos durch die Gegend zu werfen, konnte und wollte ich mich nicht anfreunden. Aus Ärger und Verzweiflung habe ich den strahlenden Kindern in ihren hübschen Kostümen, die auf Süßigkeiten warteten, diese mitten ins Gesicht geworfen. Manchen Kindern habe ich so den Karnevalstag versaut. Heute bereue ich es, dass ich so gemein

war und meinen Ärger an anderen ausgelassen habe.

Es kommt oft vor, dass mich jemand beim Pinkeln stört, wenn ich in einer öffentlichen Toilette bin, indem die Klinke auf brutale Weise runtergerissen wird. Dabei ist nicht zu übersehen, dass ich abgeschlossen habe. Ich hasse es, ich erschrecke mich jedes Mal zu Tode. Aus Rache beeile ich mich dann, sodass meine Kabine als Nächstes frei wird, und nehme alle Klorollen mit.

Neulich beim Schneeschippen hat mich das nervige Nachbarskind gefragt, warum der Schnee bei den Bäumen manchmal gelb sei. Ich habe der Kleinen dann erzählt, dass es sich um Zitronenbäume handele und der gelbe Schnee eine Art Zitroneneis sei. Sie fragte mich, ob man das essen könnte. Na klar! Die Kleine hat sich dann eine Handvoll in den Mund gesteckt und gleich wieder ausgespuckt. Sie sagte: »Bäh! Das schmeckt ja gar nicht nach Zitrone!« Später klingelte die wütende Mutter bei mir und wollte mich zur Rede stellen. Ich habe einfach alles abgestritten. Die Leute sind doch selbst schuld, wenn sie ihre Kinder nicht aufklären.

Wir haben im Neubaugebiet einen Spanner. Der Idiot steht wahrhaftig mit einem Fernglas auf dem Balkon und glotzt den Nachbarn in die Wohnzimmer. Das kann der stundenlang machen und es nervt ziemlich, zumal er dann in der Nachbarschaft wie ein Waschweib klatscht und tratscht. Neulich stand er wieder dort und gaffte, da bin ich (m/24) flach auf dem Bauch zum Fenster gerobbt, das seinem, ich vermute mal Schlafzimmerfenster, quasi genau gegenüberliegt. Er glotzte mir wieder ins Wohnzimmer und den Moment nutzte ich, um langsam, im Zeitlupentempo, mit meinem nackten Po am Fenster hochzuwandern. Mit Edding hatte ich groß quer über beide Backen »Noch mehr Details?!« geschrieben. Der Typ verschwand fluchtartig vom Balkon und zog die Vorhänge zu. Ein Arsch für einen Arsch, würde ich mal sagen. Dabei ist meiner der Schönere.

Meine Erzfeindin sucht als Sängerin online nach einer Band. Ich habe ihr eine Einladung für ein offenes Casting geschickt – mit der Adresse von einem Puff. Keine 10 Minuten später schrieb sie in einem Forum, in dem ich auch aktiv bin, dass sie am Samstag einen wichtigen Termin hat. Hoffen wir mal, sie findet nicht so schnell heraus, wo die Adresse eigentlich hinführt.

Ich habe die Hecke meiner Nachbarn kontrolliert abgebrannt, um mein Auto von meinem Fenster aus jederzeit im Auge zu haben.

Ich (m/22) lese meiner fünfjährigen Schwester fast jeden Abend eine Geschichte aus ihrem Märchenbuch vor. Als eines Tages Dornröschen an der Reihe war, habe ich mir einen Spaß daraus gemacht und das R in Röschen durch ein M ersetzt. So ging das die ganze Geschichte lang. Selbstverständlich hat sich meine Schwester diesen Namen gemerkt und da ihr die Story so gut gefiel, wollte sie meiner Mutter davon erzählen. Diese war erstaunlicherweise zu meinem Wohle sehr belustigt. Mir tut es leid, dass ich meine Schwester in so jungen Jahren in so eine Sprache einweise.

Ich (w) habe einer früheren Freundin, als sie von der Toilette kam, nicht gesagt, dass ihr Rock in ihrem Slip hing. Einfach so, weil ich nicht nett sein wollte und sie mich den ganzen Tag schon genervt hatte.

Ich war mit Freunden im Supermarkt einkaufen. Dort stand ein kleiner Junge mit einer Gurke in der Hand. Die Mutter war gerade anderweitig beschäftigt. Der Junge schaut mich an, grinst und ich grinse zurück und sage zu ihm: »Los, beiß kräftig rein ... ja ... beiß rein", und der Junge fängt an, an der Gurke zu knabbern, während er mich weiter angrinst. Später an der Kasse sehe ich, wie die angebissene Gurke im Einkaufswagen von Mutter und Kind liegt, und ich höre noch, wie die Mutter mit ihrem Kind im Hintergrund meckert.

Letztes Jahr habe ich meinem Nachbarn, als er im Urlaub war, einen Sack schnell bindenden Spezialzement in seinen Gartenteich gekippt, weil er mich nicht in Ruhe leben lässt. Er zeigt mich ständig an, weil meine Katze über sein Grundstück läuft und wegen ähnlicher Sachen. Er kocht vor Wut, weil er immer noch nicht weiß, wer es gewesen ist. Es kommen viele Leute infrage, weil er auch andere Nachbarn nervt.

Mein Bruder (4 Jahre älter als ich) und seine Frau haben vor ca. 15 Jahren versucht, eine Familie zu gründen. Es klappte leider nicht, aber die beiden ließen sich nicht entmutigen. Seine Frau ließ sich heimlich testen – warum, weiß ich auch nicht. Es kam heraus, dass sie völlig gesund und zeugungsfähig ist. Sie ließ auch meinen Bruder testen, aufgrund ihres Ergebnisses ohne sein Wissen. Dabei kam zutage, dass mein Bruder zeugungsunfähig ist. Sie war am Boden zerstört. Die beiden passen so gut zusammen; gehen gemeinsam durch dick und dünn. Seine Frau ist eigentlich eine Sandkastenfreundin von mir und so teilte sie mir die Testergebnisse mit. Ich war traurig, dass aus ihrem Wunsch nichts werden sollte. Wir sprachen noch lange und irgendwann kamen wir auf die Idee, dass es mein Bruder nie erfahren müsste, die beiden aber trotzdem Mutter und Vater werden könnten. Kurzum, ich habe für die Familie meines Bruders »gespendet« und vor ca. 3 Jahren ein zweites Mal. Heute, 11 Jahre später, sind mein Bruder und seine Frau glückliche Eltern von 2 allerliebsten Kindern (11 und 2 Jahre alt). Ich glaube nicht, dass mein Bruder je etwas von seiner Unzulänglichkeit erfahren hat, denn es gab seinerseits nie Andeutungen gegenüber seiner Frau oder mir. Er liebt die beiden Kinder von ganzem Herzen und die Ehe der beiden wurde nur noch weiter gefestigt. Ich kann mit der Sache ganz gut leben. Zwar ist es sehr oft äußerst hart für mich, nur der Onkel zu sein, aber ich gönne allen 4 ihr Glück. Ich bin der Meinung, dass Menschen nicht die Eltern von

Kindern sind, weil sie ihr genetisches Material weitergegeben haben, sondern weil sie ihnen Geborgenheit und Liebe schenken, sie erziehen und sie am Beginn ihrer Reise begleiten. Daher habe ich auch überhaupt keine Gewissensbisse, was meine Spende oder den Akt des Spendens angeht. Das war lediglich eine Hilfeleistung für meinen Bruder und seine Frau. Meine Beichte bei der ganzen Sache ist, dass ich neulich bei einem Treffen, bei dem mein Bruder und ich anwesend waren, erfahren habe, dass die beiden die Familienplanung nun abschließen und er sich einer Vasektomie unterziehen will, um den Sex zu vereinfachen. Das war kaum heraus, als mich ein dermaßen heftiger Lachanfall übermannte, dass ich aufstand und zur Tür raus schwankte. Alle Anwesenden wunderten sich, was los sei, und fragten mich nach meiner Rückkehr, was der Auslöser für meinen Anfall gewesen sei. Mir fiel leider nichts Besseres ein, als ihnen von einem Witz zu erzählen, der mir gerade eingefallen war. Das haben sie mir aber sicher nicht abgekauft. Ich hoffe, dass keiner die 5. Wurzel aus Pi ziehen kann (2 plus 2 zu addieren wäre zu leicht für diese Situation) und nichts auffliegt.

Ich habe mich mal mit einem Kerl geprügelt und ihm eine Morddrohung per SMS geschrieben. Habe damals vergessen, dass man dabei die Nummer nicht unterdrücken kann. Wir sind heute gute Freunde.

Mein Vater (48) und ich (m/17) treffen uns regelmäßig zum Kiffen. Mama weiß natürlich nichts davon, meine Eltern sind geschieden.

Ich sage meinem 2 Jahre alten Sohn, dass abends ein Monster in seinem Schrank sitzt. Dieses Monster hört, wenn er laut ist. Seitdem mein Sohn dies weiß, geht er immer ganz brav zu Bett und wagt es nicht, mich in der Nacht zu wecken.

Als ich (m/25) gestern Nacht spät nach Hause gekommen bin, hatte ich eine tolle neue Idee: Ich hab in meinem dreistöckigen Wohnhaus die Fußmatten aller Nachbarn vertauscht. Damit ich nicht sofort als Übeltäter ausgemacht werden kann, hab ich auch meine eigene mit einbezogen und stattdessen eine andere ausgelassen. Als ich heute Mittag zur Uni musste, hab ich schon verwirrte Mitbewohner im Treppenhaus umherirren sehen, die auf der Suche nach ihrer Fußmatte waren. Ich glaube, das nächste Mal werde ich sie stapeln und zusammen vor einer Tür ablegen. Außer natürlich wieder die von dem einen Nachbarn. Mal gucken, wie lange es dauert, bis sie ihn für den Schuldigen halten!

Ich (m/26) bin Programmierer und leite die Abteilung mit 2 Untergebenen einer Firma, die Radiologie-Informationssysteme herstellt. Das Klima in der gesamten Firma (12 Mitarbeiter samt Chef) ist sehr entspannt, man versteht sich. Der ideale Arbeitsplatz! Nun zu dem, was mir auf der Seele liegt: Ich habe Remotezugriff auf die Server all unserer Kunden. Meine Mutter rief mich an, dass sie beim Arzt gewesen ist, Verdacht auf Brustkrebs. Sie hätte bei vielen Radiologen angerufen, jedoch wäre der nächste freie Termin in frühestens 3 Wochen gewesen! Ich zögerte nicht lange und trug sie gleich bei dem besten Radiologen mit den besten Geräten in den Terminkalender und in die »Warteliste« ein. In den Datenbanktabellen habe ich alles händisch nachgearbeitet, sodass kein Verdacht auftritt. Am nächsten Tag um 8 Uhr hatte meine Mutter das Ergebnis, 2 Tage später Chemotherapie etc. Man sagt ihr immer, dass sie glücklich sein kann, so schnell einen Termin bekommen zu haben, ansonsten hätte man die Metastasen nicht mehr in den Griff bekommen. Ich schäme mich nicht dafür, jemandem mir Nahestehenden geholfen zu haben, jedoch plagt mich mein Gewissen, dass nicht jemand anders diesen Termin hat kriegen können hätte und noch am Leben sein könnte!

Ich muss beichten, dass ich meine Mitbewohner oft anonym auf ihrem Zimmertelefon oder Handy anrufe, wenn diese gerade im Bad sind (großes Geschäft / Dusche). Manchmal hören sie das Klingeln, fluchen, ziehen sich schnell an oder springen aus der Dusche und sprinten zu ihrem Telefon. Kurz bevor sie abnehmen, lege ich auf.

Ich flüstere unheimliche und bizarre Dinge ins Ohr meiner Freunde und Verwandten, wenn ich sie umarme. Ich flüstere ihnen dann Wörter wie »Arsen«, »toxic« oder »H1N1« zu. Die meisten schauen mich dann ganz komisch an, erschrocken von dem, was sie da hörten. Ich starre sie dann an, ohne den Blick abzuwenden, bis sie sich unwohl fühlen und nervös werden.

Wir haben eine sehr kurze Telefonnummer, die sich nur in der letzten Ziffer von der unseres örtlichen Taxi-Unternehmens unterscheidet. Wir bekamen früher nachts oft Anrufe von Betrunkenen. Anfangs habe ich immer die Wahrheit gesagt und auf die Verwechslung hingewiesen. Ir-

gendwann wurde mir das allerdings zu blöd und ich habe dann immer nur noch gesagt: »Alles klar, kommt sofort!«

Gestern habe ich meinem fast 18-jährigen kleinen Bruder gesagt, dass er sich mal seine buschigen Augenbrauen zupfen sollte, weil sie schon ein wenig ungepflegt aussahen. Heute traf mich fast der Schlag: Aufgrund meiner Empfehlung kam mein Brüderchen doch tatsächlich auf die beknackte Idee, sich die Dinger einfach abzurasieren. Hiermit möchte ich beichten, dass ich meinen Bruder mindestens eine halbe Stunde lang ausgelacht habe, obwohl ich ja eigentlich eine Teilschuld an dem Desaster habe. Der Impuls kam schließlich von mir. Aber so viel Idiotie hätte ich einem fast Volljährigen einfach nicht zugetraut.

Ich muss dringend was loswerden. Ich habe eine Nachbarin, die ich nicht leiden kann. Ihr Freund lebt in Amerika und sie ist jetzt für 2 Monate zu ihm geflogen. Ihr Auto parkt vor dem Haus in der prallen Sonne. Vorletzte Nacht muss wohl jemand einen Dachs bei uns in der Straße totgefahren haben, den ich morgens gefunden habe. Als ich am Auto meiner Nachbarin vorbeiging, um das Tier genauer zu betrachten, bemerkte ich, dass sie vergessen hatte, es abzuschließen. Ich öffnete die hintere Tür und legte den toten Dachs einfach hinter den Fahrersitz. Heute Morgen waren schon die Scheiben des Autos beschlagen.

Ich leide momentan an einer Erkältung – war auch beim Arzt und habe nicht die Schweinegrippe. Aber ich möchte heute etwas beichten. Gestern Mittag im Bus habe ich mit meiner Schwester telefoniert. Und ich habe ihr erzählt, ich sei auf dem Weg zum Krankenhaus, weil mein Arzt Schweinegrippe bei mir festgestellt hätte. (Sie war mit beim Arzt gewesen, wusste also, dass es Quatsch ist.) Die Leute im Bus hatten alle Angst vor mir und haben sich von mir weg gesetzt. Ich fand das alles sehr lustig. Mir tut es nur leid, weil man mit solchen Krankheiten keine Scherze machen sollte.

Ich (w/27) habe meiner Mutter gestanden, dass ich lesbisch bin. 2 Wochen später habe ich ihr dann erzählt, dass ich einen neuen Freund und das Lesbisch-Sein auf später verschoben hätte. Nach 3 Wochen habe ich mit ihm Schluss gemacht und meiner Mutter gesagt, dass ich ab jetzt aber wirklich lesbisch bin. Sie glaubt mir kein Wort mehr.

Meine Frau war einmal auf einem Fest, allein, ich war verhindert. Später erzählte sie mir, dass jemand versucht hätte, sie anzubaggern, und zwar der Apotheker, wo sie immer ihre Pille kauft. Ich habe bei ihm angerufen und gesagt, ich wäre der Fahrer eines Zementwerks und hätte den Auftrag, 50 Sack Zement bei seiner Apotheke abzuladen. Leider würde ich mich etwas verspäten, ob der Apotheker nicht warten oder jemanden beauftragen könnte, der mir beim Abladen hilft. Er sagte natürlich, dass er keinen Zement bestellt hätte und dass das sicher ein Irrtum sei. Ich las ihm seine Adresse vor und sagte, dass ich unbedingt noch abladen müsste, weil ich am nächsten Tag einen anderen Termin hätte, und wenn er nicht warten wolle, dann würde ich eben allein abladen und die 50 Säcke vor die Tür legen. Der Mann sagte daraufhin, er würde warten, aber wenn ich ihm unbestellten Zement vor die Tür legen würde, würde er die Polizei rufen. Abends um 22 Uhr bin ich an der Apotheke vorbeispaziert und sie war noch voll beleuchtet, vermutlich wartet der Mann da immer noch.

Ich habe meiner Freundin Unterwäsche geklaut und sie extra in das Auto meines Vaters gelegt. Das gab Ärger!

Ich habe einen derartig nervigen Nachbarn. Er parkt jeden Tag, obwohl es bei uns sowieso an

Parkplätzen mangelt, nur um cool zu wirken, rückwärts ein. Und da der Mann das einfach nicht hinbekommt, nimmt er damit immer bis zu 3 Parkplätze ein. Und gestern, als ich meine Haustür vom Schnee freigeschaufelt habe und mal wieder sein extrem schief geparktes Auto sah, hab ich kurzerhand den Schnee bis zur Oberkante seiner Haustür aufgetürmt, sodass diese nicht mehr zu sehen war. Ich war so in Rage, dass ich 3 weitere Türen hätte zuschaufeln können. Ich möchte beichten, dass der Mann beim Öffnen der Tür den ganzen Schnee im Flur hatte und ich schamlos dran vorbeilief, als er und seine Frau den Schnee wieder rausgeschaufelt haben.

Ich bin in der 20. Woche schwanger. Alle freuen sich und beglückwünschen mich. Ich jedoch hasse diese Situation so sehr.

Als Gott Gehirne verteilte, war meine Mutter wohl gerade einkaufen. Sie ist so unglaublich blöd! Das nutze ich natürlich aus. Zur zeit habe ich z. B. ein grünes Pflänzchen im Zimmer stehen. Es steht sehr präsent auf meiner Fensterbank und sie merkt es nicht. Und das, obwohl sie weiß, dass ich mal gekifft habe.

Ich (m/20) wohne mit meinem Kumpel zusammen in einer Wohnung. Leider ist auch jeden Tag seine beknackte Freundin bei uns, die vom Typ her so eine Schickimicki-Playboy-Bunny-Tussi ist, deren Hobbys shoppen, lästern, rumzicken und Shoppen sind. Da ich in einem Krankenhaus arbeite, sind mir mal ein paar Paletten Fresubin-Nahrungsergänzungsmittel zugeflogen. Das Zeug schmeckt im Prinzip wie Kakao und enthält pro Flasche 300 Kilokalorien. Da sie wohl denkt, dass das so was Ähnliches wie ein angeblich die Abwehrkräfte fördernder Joghurt-Drink ist, überlasse ich ihr natürlich gerne 1 bis 2 Flaschen pro Tag davon. Durch diese »Kur« hat sie in den letzten Wochen bestimmt an die 6 Kilo zugelegt und ich muss jedes Mal schmunzeln, wenn sie darüber jammert. Am meisten bereue ich an der ganzen Sache, dass ich das Krankenhaus beklaut habe und das Zeug nicht gerade billig ist.

Als ich 9 Jahre alt war und meine Eltern nicht zu Hause waren, wollte ich mit meinem jüngeren Bruder ausprobieren, was passiert, wenn man einen Böller in eine Kloschüssel wirft und gleichzeitig runterspült. Ich zündete einen Böller an und warf ihn in die Toilette, mein Bruder spülte und prompt gab es einen lauten Knall, der schon Unheil verlauten ließ. Wir schauten nach und mussten bedauerlicherweise feststellen, dass die untere Hälfte der Kloschüssel quasi weg war. Es klaffte dort nun ein großes Loch, wodurch sich die Fäkalien im gesamten Bad ausbreiteten. Wir bekamen Panik. Was macht man als neunjähriger in einer solchen Situation? Wir organisierten schnell eine Einkaufstüte eines bekannten Discounters und klebten diese über das klaffende Loch, damit die Eltern nicht merkten, woher der unangenehme Geruch kam. Etwa eine halbe Stunde später trafen sie dann auch zu Hause ein und nahmen den üblen Gestank wahr, der aus dem Bad kam. Sie entfernten die Tüte und sahen, dass da nicht nur ein Loch, sondern quasi nur noch ein Trümmerhaufen von Scheißhaus übrig war. Nach etwa 30 Sekunden des Aufregens erfolgte der Anschiss und so erklärten wir unseren Eltern, dass ein Nachbarsjunge unten auf der Straße vorbeigegangen wäre und den Böller durch das Fenster direkt in die Kloschüssel geworfen hätte. In nicht einmal 2 Minuten stand unser Vater vor dem Nachbarhaus und schimpfte auf den Nachbarsjungen ein, was der sich wohl erlaubt hätte. Dabei war er es doch gar nicht.

Ich (w) möchte beichten, dass ich gerade eine Mitbewohnerin suche und meine Entscheidung allein von der Optik abhängig machen werde. Weil ich nicht will, dass sie meinen gut aussehenden Freund anbaggert oder in Unterwäsche vor ihm rumwackelt. Es tut mir leid für die hübschen netten Mädels, aber ich finde, gutaussehende Menschen haben es eh schon leichter.

Ich (m) habe heute einem kleinen Jungen gedroht, dass ich ihm die Finger abschneide, wenn er nicht aufhört, bei uns zu klingeln. Er war heute schon fünfmal da und ist abgehauen. Es tut mir leid, nachdem ich sah, wie er fast weinend weitergegangen ist.

Vor über 20 Jahren wurde ich beim Autofahren von einem äußerst rüpelhaften und rücksichtslosen Fahrer geschnitten und fast von der Fahrbahn gedrängt. Als ich an der nächsten Ampel neben ihm zum Stehen kam und ihn auf das Geschehene ansprechen wollte, schrie er mich sofort an und belegte mich mit den übelsten Beschimpfungen. Ich bin darauf nicht weiter eingegangen, habe mir sein Nummernschild notiert und wollte ihn aus Wut bei der Polizei wegen der Beleidigungen anzeigen. Der diensthabende Polizist nahm aber keine Anzeige auf, er ermittelte den Namen und die Adresse des Herrn und übergab sie mir in einem verschlossenen Umschlag mit der Auflage, mich mit dem zuständigen Schiedsmann in Verbindung zu setzen. Da der Polizist meine Personalien nicht aufgenommen hatte, bin ich seiner Aufforderung nicht nachgekommen, sondern überziehe diesen Menschen seither mit den gröbsten Späßen, bestelle unaufhörlich alle möglichen Waren auf seinen Namen, lasse Erde, Pizza, Container, Kies, Heizöl und andere Dinge liefern, ich habe ihm sogar schon zweimal einen Bestattungsunternehmer geschickt. Er ist sogar einmal umgezogen, aber wie der Teufel es wollte, kam ich an seinem Haus vorbei, als gerade der Umzugswagen losfuhr. Ich bin ihm einfach gefolgt und habe meine Späße fortgesetzt. Ich kann diese Aktionen einfach nicht einstellen und selbst während ich diesen Text schreibe, muss ich dämlich grinsen. Seit über 20 Jahren gehe ich diesem Mann auf die Nerven und alles nur wegen ein paar Schimpfwörtern.

Ich möchte beichten, dass ich soeben einen alten Bekannten ohne sein Wissen bei der GEZ angemeldet habe. Dabei habe ich angegeben, dass er rundfunkempfangsfähige Geräte zum Teil länger als 4 Jahre besitzt und gerne jährlich zahlen möchte. Warum ich das tue? Er hat mich ca. 2 Jahre aufs Übelste hintergangen, betrogen und unseren gemeinsamen Freundeskreis so lange aufgehetzt, bis ich allein in einer fremden Stadt dastand. Das Einzige, was ich an dieser Tat bereue, ist, sein dummes Gesicht nicht sehen zu können, wenn ihm eine möglicherweise vierstellige Summe auf dem Papier entgegenlacht.

Bei mir in der Nachbarschaft gibt es eine Etepetete-Familie, die zu allem Überfluss auch noch aus Veganern besteht. Prinzipiell wäre mir das egal, allerdings gehören die zu der Sorte Veganer, die missionieren. So finde ich regelmäßig Flugblätter und andere Pamphlete in meinem Briefkasten, die offensichtlich von denen sind. Neulich haben sie ein großes Kunststoffschwein auf die Wiese vor ihrem Haus gestellt, auf dem »Wenn schon Fleisch, dann bitte aus artgerechter Haltung« geschrieben stand. Vorgestern Nacht habe ich mir das Schwein geschnappt und mit nach Hause genommen. Dort habe ich mit einem dicken Filzstift einen Schlachtplan aufgezeichnet und die einzelnen Teile beschriftet. Danach habe ich das Schwein wieder an seinen Platz zurückgestellt. Heute Morgen war es verschwunden.

Ich bin Jüdin und mein Ehemann ist Christ. Vor 2 Jahren waren wir zu einer Beschneidung eingeladen. Vielleicht wissen es ja einige, aber dem Säugling wird dabei ohne Narkose ein Stück Vorhaut entfernt. Mein Mann und ich standen sehr nah dran und in dem Augenblick, als der Mohel dem Säugling die Vorhaut entfernte, gab es einen Knall und ich sah zum 1. Mal einen Bewusstlosen! Ich weiß, das ist echt böse und ich liebe meinen Mann, aber wie er kreidebleich und kerzengerade umgefallen ist, war ein Bild zum Lachen! Ich weiß, das ist nicht nett, aber er hat dem Kind die Show gestohlen. Den ganzen Tag und Abend redete man nur noch über ihn!

Ich kam heute zu meiner Freundin nach Hause. Sie war nicht da und da ich einen Schlüssel habe, konnte ich so ins Treppenhaus gelangen. Es ist mit Marmor gefliest und ich finde Treppenhäuser, die aus Stein sind, immer superkühl. Wie gesagt, ich ging ins Haus und kam auf die Idee, mich bäuchlings mit dem Kopf nach unten auf die kalten Fliesen zu legen. Das muss einfach nur bekloppt ausgesehen haben, aber mir war so warm und irgendwie fand ich die Idee auch lustig. Da kam dann plötzlich die Nachbarin aus ihrer Wohnungstür und hat gesehen, wie ich die Abkühlung genießend mit meinem Gesicht auf dem Boden lag. Ich bin sofort aufgeschreckt und in die Wohnung meiner Freundin gerannt. Das war mir sehr peinlich.

Bei ICQ gibt es ja die sogenannte Away-Funktion, mit der man den Leuten aus seiner Bekanntenliste mitteilen kann, was man gerade macht, was einen beschäftigt usw. Ich schreibe dann immer Dinge rein wie: »Julia und Aaron, es war so übelst cool gestern Nachmittag!« oder »Jacky, ich vermisse dich!« Ich kenne weder eine Julia noch einen Aaron oder jemanden mit dem Spitznamen Jacky. Ich mache das nur, damit die Leute aus meiner Bekanntenliste denken, ich hätte Freunde.

Ich (m/19) musste den letzten Monat im Krankenhaus liegen. Mein Zimmermitbewohner, wenn man das so sagt, hat geschnarcht wie eine Sau. Also konnte ich fast nie schlafen ohne Schlaftablette. Wenn ich mal wieder wach war, habe ich ihn nachts mit Popeln beworfen und ganz ehrlich: Es tut mir leid.

Ich hatte einen unsympathischen Nachbarn. Vorausschickend möchte ich sagen, dass ich in dieser Zeit sehr oft von Telemarketern (Telefonverkäufern) genervt wurde. Dann kam mir eine Idee, wie ich meinen Nachbarn bestrafen könnte. Man muss wissen, dass man, wenn man im Internet an Gewinnspielen teilnimmt, auch die Telefonnummer angeben muss. Plus dem Einverständnis, angerufen zu werden. So habe ich mich hingesetzt und eine ganze Nacht lang im Namen meines Nachbarn Gewinnspielformulare im Internet ausgefüllt inklusive seiner Telefonnummer. Es waren so ca. 50 Spiele. Bei ihm klingelte einige Wochen später mindestens alle 3 Minuten das Telefon.

Ich begrüße dicke Menschen ausschließlich mit »Mahlzeit« anstatt ganz normal »Hallo« oder »Guten Tag« zu sagen.

Ich habe als Kind von acht Jahren mal die Motorhaube des Autos meiner Mutter mit einem Ziegelstein zerkratzt. Ich habe ein riesiges Herz »gemalt« und »Hab dich lieb« daruntergeschrieben. Bis heute behaupte ich standhaft, dass es mein kleiner (damals dreijähriger) Bruder gewesen ist, der bis heute nicht weiß, wie man ein Herz malt. An dieser Stelle: Mama, es tut mir leid! Ich hatte ewig Schuldgefühle wegen der 180 Euro teuren neuen Lackierung!

Ich habe durch Zufall ein Foto von einem Kerl im Internet gefunden, der darauf aussieht wie ich. Ich habe mir das Bild gezogen und zu meinem Profilfoto auf Facebook gemacht. Wollte mal sehen, ob es jemand merkt. Nö, keiner meiner Freunde hat es bemerkt. Ich glaube, ich lasse das Bild noch eine gute Weile drin und kralle mir lieber seine professionellen Fotos, als selbst welche zu machen.

Meine beste Freundin hat vor rund 1 Jahr einen Sohn zur Welt gebracht. Das Kind ist so hässlich, dass ich gar keinen Vergleich finden kann. Die Proportionen des Gesichts und eigentlich die des ganzen Körpers passen irgendwie nicht zusammen. Wenn meine Freundin dann ganz knuffig sagt: »Ist er nicht süß?«, muss ich gezwungenermaßen lügen und mit bester Schauspielkunst sagen: »Ja, das ist er wahrlich!« Aber was soll auch dabei rauskommen, wenn man so einen hässlichen Dummkopf heiratet?

Ich bin gerade in München auf dem ökumenischen Kirchentag als Helfer und möchte beichten, dass ich diese ganzen gläubigen Spacken mit ihren Ledersandalen und Batikklamotten hasse! Dabei grinse ich sie an und schicke sie in die falsche Richtung, wenn sie mich z. B. nach der Toilette fragen. Außerdem bin ich die ganze Zeit total breit und kiffe auf dem Messegelände.

Ich hatte mit 17 einen Schwangerschaftsabbruch. Mit 21 studiere ich jetzt Medizin. Ich werde versuchen, mehr Leben zu retten, um das eine wiedergutzumachen, das ich beendet habe.

Ich möchte beichten, dass ich diese ganzen Schleicher am liebsten aus dem Auto zerren und verprügeln würde. Das hat nichts damit zu tun, dass ich früher losfahren könnte, ich meine wirklich die Leute, die statt 30 lieber 20, statt 50 lieber 40 und statt 60 lieber 50 fahren. Ich finde, sie sollten genauso wie Raser bestraft werden, durch dieses ätzende Halbschlafen auf der Straße wird man aggressiv, überholt vielleicht auch in der Kurve und *BAM*. Vielleicht sollte man die einfach von der Straße schubsen!

Bei mir (m/29) wurde vor 3 Jahren multiple Sklerose diagnostiziert. Ich habe aber Angst, es meinem Umfeld mitzuteilen. Die meisten Freunde wissen es nicht, da ich Angst vor Ablehnung oder Mitleid habe.

Als ich klein war, wohnten wir im 5. Stock. Wenn ich dringend auf Toilette musste und wusste, ich würde es nicht mehr bis zu uns nach oben schaffen, habe ich immer in den Keller der Nachbarn gepinkelt.

Ich (m) war gerade auf dem Heimweg, als ich einen Obdachlosen in dickem Pulli in der prallen Sonne an meiner Haltestelle sah. Er war ziemlich weggetreten und lag neben den Bänken. Ich war fertig von der Arbeit und wollte bloß heim, doch eben dort angekommen, hatte ich ein schlechtes Gewissen. Ich habe selber vor einigen Wochen ohnmächtig an einer belebten Haltestelle gelegen, wo sich keine Sau für mich interessierte. Also bin ich zurückgefahren, habe dem Herrn eine Flasche Wasser angeboten und bin mit ihm zu einem schattigen Plätzchen getorkelt, wo er sich bedankte und gleich wieder einnickte. Dem Kioskbesitzer um die Ecke gab ich Bescheid, er solle ab und zu mal nach ihm gucken. Ich finde es schade, dass viele die Nase rümpfend und mit dem Gedanken »Ist doch nur ein Penner« vorbeilaufen. Würde es sich jedoch um eine adrette junge Dame handeln, wären sie zur Stelle. Ich bitte um Absolution für mein verspätetes Handeln. In Zukunft greife ich gleich ein, wenn jemand Hilfe benötigt.

Ich (w/19) arbeite neben meiner Ausbildung ein bis zweimal die Woche hobbymäßig in einem Sexkino. Ich biete aber nur Orals*x mit Gummi an. Sonst nix. Ich weiß, dass jeder mich als Nutte ansehen würde, aber ich fühle mich nicht so und es gibt nichts Einfacheres als das, um etwas Geld nebenher zu verdienen. Meine Freunde gehen alle während der Woche und am WE arbeiten und ich arbeite nur 1 bis 2 Stunden die Woche. Ich erzähle allen, ich bekäme viel von meiner Oma dazu, damit niemand Verdacht schöpft, woher ich das Geld habe.

Ich bin lesbisch, aber seit 13 Jahren mit einem Mann verheiratet. Es ist hart, dies geheim zu halten. Alles nur der Familie willen.

Ich war mal mit einem Kumpel und seinem Hund im Wald spazieren. Nach einer Weile begegneten wir 3 ca. 15-jährigen Jungs, die dabei waren, einen unschuldigen, wehrlosen kleinen Igel zu quälen. Einer der 3 versuchte mit einem Ast, dem Igel die Augen auszustechen, wobei er ziemlich brutal auf den Igel einstach. Da sah ich nur noch rot. Ich sprang auf diesen Typ zu und donnerte ihm so eins in die Fresse, dass er umkippte, seine Kumpels rannten davon. Doch ich war noch nicht fertig, ich schlug so lange auf seine Visage ein, bis alles nur noch rot war. Danach ließ ich ihn am Boden zurück und wir gingen. Ich hasse Tierquäler über alles.

Ich bin jetzt seit 2 Jahren mit meiner Freundin zusammen. Ich muss beichten, dass ich ihre Eltern viel mehr schätze und respektiere als meine eigenen. Ihr Vater interessiert sich für meine Fußballspiele, meiner nicht. Ihre Mutter merkt, wenn ich mir neue Kleidung gekauft habe, meine leider schon lange nicht mehr. Ich wünschte, dass meine Eltern nur annähernd so liebevoll mit mir umgehen würden wie die meiner Freundin. Lieber Gott, vergib mir, dass ich meine Eltern nicht mehr achte.

Ich habe die Verankerung des Hängestuhls von einer Freundin gelöst. Sie ist etwas dicker und dann fielen 130 Kilo mal eben aus 70 Zentimeter Höhe auf den Boden.

Ich (w/24) bin seit 2 Jahren magersüchtig. Meine Eltern haben es nie bemerkt. Als ich es ihnen sagte, lachten sie und fragten, ob ich mehr Aufmerksamkeit bräuchte.

Ich wohne in einer Messie-WG. Als sich letztes Jahr der Heizungsableser ansagte und wir nicht wussten, ob auch der Vermieter mitkommt, wir aber de facto keinen reinlassen konnten, sind wir einfach abgehauen. Kollege in die Bibliothek und ich mit dem Auto auf den Parkplatz von irgendeinem verdammten Friedhof, wo ich mich hinten reingelegt und ordentlich geschlafen habe. Der Heizungsableser bekam einen neuen Termin und bis dahin putzten wir wie die Irren.

Wenn ich mich über meine Schwester aufrege, spucke ich immer auf ihr Kopfkissen. Wenn ich dann daran denke, wie sie nichtsahnend darauf schläft, fühle ich mich gleich viel besser.

Ich (w/24) beichte hiermit, dass ich auf den Namen einer stark suchtgefährdeten Frau heimlich und aus Rache einen Katalog eines Weindepots bestellt habe. Sie hatte vor einigen Monaten viele falsche Tatsachen über meine Beziehung und mich verbreitet und sich nie dafür entschuldigt. Dass sie aufgrund ihres familiären Hintergrunds eventuell dazu neigen könnte, eine Alkoholsucht zu entwickeln, hat sie mir selbst bei einem Treffen gesagt. Ich bin sonst eigentlich nie auf Rache aus gewesen und hoffe, dass diese Situation eine einmalige Sache bleibt. Sie muss sich ja nichts aus dem Katalog bestellen.

Ich (m/23) will beichten, dass ich meinen Nachbarn (30/langzeitarbeitslos) derart hasse, dass ich ihm letzte Woche sämtliche E-Mail-Accounts sowie seine Daten bei einem bekannten Online-Rollenspiel gelöscht habe. Der Trick dabei war folgender: Ich sah mit dem Fernglas durch sein Fenster auf seine Pinnwand neben dem Computer. Dort sind in großen Buchstaben all seine

Passwörter zu lesen. Seitdem habe ich ihn nicht mehr vor seinem Computer gesehen.

Ich war vor Kurzem morgens auf der A63 unterwegs. Es regnete leicht und wie immer schienen die Leute verlernt zu haben, wie man fährt. Ich kam mit ca. 200 auf der linken Spur angefahren, eine Mercedes E-Klasse fuhr mit gefühlten 110 ebenfalls auf der linken Spur, obwohl rechts alles frei war. Ich kurz geblinkt, worauf der Fahrer mir im Rückspiegel seinen Mittelfinger zeigte. Ich jetzt also Lichthupe gemacht. Er zeigte mir die Faust. Jetzt reichte es mir und ich zog rechts an ihm vorbei. Natürlich hupend und gestikulierend. Im Blickwinkel sah ich noch, dass er gar nicht so klein war. Am nächsten Parkplatz bin ich raus, um eine zu rauchen. Hinter mir war kein Auto gewesen, also konnte er unmöglich gesehen haben, dass ich abgefahren bin. Ich stand unterm Vordach vom WC, weil es ja wie gesagt regnete. Ein anderer Wagen kam angefahren und der Fahrer ging aufs Klo. In dieser Sekunde kam auch die E-Klasse auf den Parkplatz. Der Typ stieg aus und hörte nicht auf, größer zu werden. Der war bis zum Kinn tätowiert und hatte Arme wie ich Beine. Er kam direkt auf mich zu, es wurde richtig dunkel, und fragte mich, ob ich der Fahrer dieser »Rübe« sei. Schnell sagte ich ihm, dass der Fahrer gerade auf Klo sei, woraufhin er direkt dorthin verschwand. Ich meine Kippe weg, ins Auto und Vollgas. Der unschuldige Typ im Klo tut mir leid. Aber der Schwachmat in der E-Klasse ärgert sich hoffentlich noch immer über seine Blödheit.

Ich (m/31) habe vor rund einem Jahr, ausgelöst durch einen Streit, meinem Vater gesagt, dass ich ihn hassen würde und nie mehr wiedersehen wolle. In dieser Nacht hatte er einen tödlichen Herzinfarkt. Ich fühle mich seitdem für seinen Tod verantwortlich.

Ich (w/34) habe den Sohn meiner Schwester adoptiert. Er ist einfach nur schrecklich. Ich wünschte, ich könnte ihn zurückschicken.

Ich habe mich vor ca. 3 Wochen mit meiner besten Freundin total gestritten wegen irgendeiner Kleinigkeit. Die folgenden 2 Wochen haben wir uns gegenseitig einfach ignoriert und nicht miteinander geredet. Das Fiese an der Sache ist, dass es mir während der 2 Wochen, in denen wir nicht miteinander geredet haben, total gut ging. Ich fühlte mich frei und war immer gut gelaunt. Ich hatte nicht mal Lust, mich mit ihr wieder zu versöhnen. Letztendlich haben wir uns doch wieder vertragen. Aber ich hab überhaupt kein schlechtes Gewissen, mich so gut gefühlt zu haben.

Ich habe mal jemandem, den ich nicht leiden konnte, 2 Schachteln Mehlwürmer durch das gekippte Schiebedach ins Auto geschüttet und dann vom Balkon aus zugesehen, wie er stundenlang sein Auto saugte. Von gemeinsamen Bekannten hörte ich dann, dass er noch Monate später welche gefunden hat.

Ich habe versucht, dem Hamster meines Bruders das Schwimmen beizubringen, was mir leider nicht gelang. Er ist in der Badewanne ertrunken und ich habe ihn einfach wieder zurück in den Käfig gelegt und nichts gesagt.

Ich habe vor ca. 2 Wochen in einer Nacht- und Nebelaktion alle Blumen meines Nachbarn abgeschnitten. Seine Rosensträucher, Eisenhüte und seine geliebten Geranien sind nun alle um einige Zentimeter kürzer. Ich habe dem garstigen Rentner somit alles genommen, was er hatte! Hätte er zugegeben, dass er der Verursacher des Kratzers in meiner Autotür ist, der alte Geizhals, könnte er heute noch in einem duftenden und bunten Garten sitzen und sich an seinen Blumen erfreuen.

Ich (22) beichte, dass ich es nicht fertigbringe, meiner Schwester (20) zu verzeihen. Sie hat mir im vergangenen Dezember in einem Streit wegen einer Lappalie (Wer darf das Bad zuerst benutzen?) so sehr in den Arm gebissen, dass ich mit 15 Stichen genäht werden musste. Ich wohne nicht mehr zu Hause und seither habe ich weder ein Wort mit ihr gesprochen noch auf Anrufe oder E-Mails reagiert. Sie beteuert immer wieder, dass sie ausgerastet sei, da sich ihr Freund an diesem Tag von ihr getrennt hatte. Ich habe oft überlegt, den Kontakt wieder aufzunehmen, aber dann sehe ich die Narbe an meinem Arm und schaffe es einfach nicht.

Mir gehört ein ziemlich großes Waldstück, in dem sich immer viele Waldgeher herumtreiben. Manche von denen sind sogar so dreist, dort zu picknicken und einen Saustall zu hinterlassen. Heute in der Früh habe ich 15 alte Bärenfallen meines Großvaters genommen, noch diese richtig brutalen Dinger, und verstreut auf dem Gelände ausgelegt. Mal sehen, ob es diesen Leuten immer noch so viel

Spaß machen wird, unerlaubt auf meinem Grundstück herumzuschleichen.

Ich gebe meiner Frau immer Geld, damit sie shoppen geht. In der Zeit vergnüge ich mich immer mit unserer Nachbarin, die ihre beste Freundin ist. Meine Frau hat noch nie etwas bemerkt.

Ich habe, als ich 5 Jahre alt war, den heiß geliebten Wellensittich meiner großen Schwester getötet. Es war aus Versehen, er war sehr zutraulich und kam auch immer auf die Hand oder ließ sich anfassen. Ich habe ihn ganz fest gedrückt. Meine Schwester war in der Schule, als ich das tat. Ich habe das unserer Mutter erzählt. Als meine Schwester aus der Schule wiederkam, hat unsere Mutter ihr gesagt, dass er an Altersschwäche gestorben sei.

Ich muss beichten, dass ich früher im Kindergarten gerne die Köpfe der anderen Kinder aneinandergeschlagen habe. Als ich deshalb Ärger bekam, hab ich angefangen, gegen andere Kinder zu rennen. Natürlich mit der Stirn voraus gegen den Kopf eines anderen Kindes. Das habe ich dann immer als »keine Absicht« dargestellt und bin so weiterer Strafe entgangen. Ich habe einen ziemlichen Holzkopf, deswegen tat es mir nicht weh. Entschuldigung an alle meine Opfer.

Meine Mutter (61) wird älter und mit ihrer Gesundheit steht es auch nicht mehr so gut. Ich (w/29) habe Angst, mich um sie kümmern zu müssen und infolgedessen selbst allein zu enden.

Ich (w/20) beichte hiermit, dass ich vor 2 Jahren den vermissten Hund von meinem Nachbarn eingefangen und ihn dann auf der Autobahnraststätte mitten in der Nacht einfach abgesetzt habe, weil er so laut gebellt hat und ich die Nerven verloren habe. Das tut mir unendlich leid.

Während meines Studiums habe ich in einem Wohnheim gelebt. Direkt daneben ist ein Supermarkt, der um 20 Uhr schließt. Immer wenn man so gegen 19:50 Uhr in den Supermarkt kam, saß an der Kasse eine etwas dämliche Kassiererin, die einem ein nettes »Es ist aber schon 8 Uhr!!!« entgegenrief. Dies war nicht nur mir, sondern auch schon einigen anderen Bewohnern übel aufgestoßen. Wir haben uns daraufhin mit ca. 30 Männern und Frauen vor dem Supermarkt getroffen und sind 10 Minuten vor Ladenschluss da rein und haben alle unseren Wocheneinkauf erledigt. Danach hat die Kassiererin nie wieder gemeckert, wenn man spät in den Laden kam. Mir ist zwar auch klar, dass die Leute ihren Feierabend haben wollen, aber wo 20 Uhr Ladenschluss ist, ist 20 Uhr Ladenschluss und nicht 10 Minuten früher.

Freizeit, Neurosen, Peinlichkeiten & der eklige Rest

Ich habe es heute geschafft, meinen eigenen Fuß während der Fahrt mit meinem Fahrrad zu überfahren. Ich glaube, dass dies noch niemandem gelungen ist.

Ich (w) habe nach einem Discobesuch den Nachtbus verpasst und wollte keine 2 Stunden auf die erste S-Bahn warten. Ich bin in der Stadt rumgelaufen, kam am Krankenhaus vorbei und, na ja. Ich habe einen Rollstuhl geklaut und bin mit ihm durch die Stadt gefahren. An einem Kreisverkehr, den ich ca. 5 Mal umrundet habe, kam mir ein Polizeiauto entgegen. Vor lauter Schreck bin ich aus dem Rollstuhl aufgestanden (ein Wunder!) und weggerannt. Die verdutzte Polizei natürlich mir hinterhergefahren und geschrien. Irgendwann hatte ich sie dann abgehängt. Mein schönes Kleid war voller Matsch und meine neuen Schuhe hab ich verloren. Aber ich kann mit Stolz behaupten, dass das verdammt noch mal die geilste Nacht meines Lebens war.

Ich möchte beichten, dass ich heute in einem Küchen-Einrichtungshaus die Sprache bei allen Herden mit grafischer Menüführung von Deutsch auf Kyrillisch oder Tschechisch umgestellt habe.

Als ich heute meine Sommerräder draufmachen wollte, ist mir mal wieder meine eigene Blödheit vorgeführt worden. Ich hatte mir extra ein Radkreuz dafür ausgeliehen, Arbeitsdecke ausgebreitet, Getränke bereitgestellt und wollte loslegen, scheiterte jedoch schon an der ersten Radschraube. Das Ding wollte und wollte einfach nicht losgehen. Ich also mit aller Gewalt drauf rumgeprügelt, das Internet nach Tipps durchsucht, ein Rohr als Verlängerung aufgesetzt, mir eine schöne Macke in die Felge gehauen, weil ich zu brachial war, und habe sogar rumtelefoniert, welche Werkstatt mir einen Schlagschrauber zur Verfügung stellen könnte. Nach einigen Stunden und etwas Besinnen stellte ich dann fest: Ich habe die ganze Zeit in die falsche Richtung gedreht. Also einmal kurz in die andere Richtung gedrückt und schon hatte ich alle Schrauben lose.

Meine Vorsätze fürs neue Jahr waren nicht sehr hoch gesteckt. Ich hatte mir vorgenommen, weniger zu zocken und mir bedeutend weniger oft einen von der Palme zu wedeln. Nun ist das neue Jahr schon knapp 1 Stunde alt und ich habe beides gebrochen.

Ich werde nachts immer wach, weil ich so laut mit den Zähnen knirsche. Dann stecke ich mir eine von den Socken, die neben meinem Bett liegen und die ich 3 bis 4 Tage bei der Arbeit anhatte, in den Mund, damit das Zähneknirschen aufhört und ich in Ruhe weiterschlafen kann.

Ich habe heute eine neue Couch gekriegt, genauer gesagt wurde sie heute Morgen geliefert. Ich saß aber bisher noch nicht darauf, weil ich sie nicht schmutzig machen will (weiße Ledercouch).

Mein Körper ist mir wichtig und daher pflege ich ihn sorgfältig. Dazu gehört natürlich auch regelmäßige Fußpflege. So alle 3 Monate feile ich dann mit einer extra dafür gekauften Raspel die Hornhaut an meinen Füßen ab, ganz besonders an den Fersen. Dabei bildet sich stets ein feiner, weißer Staub, den ich nicht einfach auf dem Boden verteilen möchte. Ich lege also immer ein Tablett unter den Fuß und lasse mein »Hornhautpulver« beim Abfeilen daraufrieseln. Jedes Mal kommt eine gute Menge zusammen. Früher streute ich anschließend das Pulver auf die Blumenerde meiner Topfpflanzen, weil ich weiß, dass das ein guter Nährstoff ist. Eines Tages aber fiel mir auf, dass mein »Haut-Staub« auffallend weiß ist, vielleicht deswegen, weil ich das Feilen seit Jahren regelmäßig mache und sich daher gar nicht erst eine unansehnliche dunkle Hornhaut bilden kann. Ich schob aus Jux das Pulver mit meiner Kreditkarte zu einem Häuflein zusammen und man glaubt es kaum, es sah einer klassischen weißen, pulverförmigen Droge täuschend ähnlich. Mein Pulver hatte zwar eher etwas Puderartiges, war also noch feiner als diese krümeligen Drogen à la Kokain oder Speed, aber der Unterschied war kaum auszumachen. Der Geruch war neutral und eher eine Spur muffig, aber auf keinen Fall käsig, stechend oder unangenehm. Dann kam mir eine Idee: Warum nicht das Pulver in Tütchen oder Papierbriefchen abfüllen und als angebliche Droge in Clubs verkaufen? Gesagt, getan! Allerdings wollte ich dem Geruch meines »Hornhaut-Speed« etwas nachhelfen und sammelte zunächst leere Drogentütchen ein, die ich in Discos finden konnte. Darin hafteten meist noch Reste, die auch dementsprechend intensiv rochen. In diese Tütchen füllte ich nun mein Hautpulver und war erst recht verblüfft über die frappierende Ähnlichkeit mit Originaldrogen. Außerdem roch es nun auch nach Droge. Nun wagte ich meinen ersten »Sündenfall". Da man ohnehin ständig auf Drogen angesprochen wird, brauchte ich nicht lange zu warten, und ein junger Mann erkundigte sich bei mir, wo man was »auftreiben« könnte. Ich gab diskret zu verstehen, dass er bei mir an der richtigen Stelle sei, er war natürlich hocherfreut. Wir gingen zusammen auf die Toilette und vereinbarten einen Preis von 10 Euro für den angeblich verbliebenen Rest, den ich noch bei mir hatte und deswegen billiger verkaufen würde. Innerlich zitterte ich vor Aufregung, wollte mir aber bloß nichts anmerken lassen. Der Typ aber blieb völlig ahnungslos und war sofort zum Deal bereit. In einer Toilettenkabine zeigte ich meinen »Stoff« und bot ihm an, die Ware zunächst durch Schnuppern am geöffneten Tütchen vorab zu prüfen. Er war aber bereits derart scharf auf das Zeug, dass er sich damit gar nicht aufhalten wollte, und stimmte ohne Umwege dem Kauf zu. Er gab mir das Geld und wollte natürlich sofort eine Nase ziehen. Während er also niederkniete und auf dem Klodeckel mein Hornhautpulver zu einer Line ausstreute, wusste ich nicht, ob ich vor Scham im Boden versinken oder vor Schadenfreude durch die Decke gehen sollte. Eigentlich hatte mir der Bursche ja nichts getan und sah sogar ganz nett aus. Und vor allem: Hoffentlich wurde er nicht doch noch misstrauisch und roch Lunte im wahrsten Sinne des Wortes! Aber er inhalierte meine pulverisierte Körperoberfläche wie ein Profi, zog noch mal scharf Luft hinterher und machte einen zufriedenen Eindruck. Nun ja, dachte ich, schaden wird es ihm bestimmt nicht, denn dass meine Hornhautdroge toxischer wirken könnte als echte Drogen, wagte ich zu bezweifeln. Letztlich habe ich ihn ja vor den schlimmen Folgen einer echten Drogeneinnahme bewahrt, indem ich ihm einen natürlichen Ersatz untergejubelt habe. Aber ein klitzekleines bisschen schlechtes Gewissen blieb doch. Letztlich siegte aber mein Mut zur Frechheit wegen Geldknappheit. Daher habe ich das seitdem noch zweimal gemacht, unter anderen kauften mir 2 Mädchen »1 Gramm« ab. Freunden und Bekannten würde ich aber meinen Körper nicht zum Einatmen anbieten, da habe ich dann doch zu große Skrupel.

Normalerweise stehe ich um 6 Uhr morgens auf, aber gestern war mein Wecker falsch eingestellt und klingelte schon um 2. Okay, so was kann vorkommen, aber ich bin dann ohne Scheiß aufs Fahrrad gestiegen und zum 3 Kilometer entfernten Bahnhof gefahren. Autsch!

Aus Langeweile griff ich gestern Nacht um kurz nach halb 1 zum Telefonbuch, suchte eine Familie namens Hempel raus und rief diese an. Trotz der Uhrzeit nahm noch jemand ab. Kurzerhand gab ich mich als Entrümpelungsfirma aus und fragte Herrn Hempel, wie es denn in seinem Wohnzimmer, speziell unter seinem Sofa aussähe, denn ich hätte da einige unschöne Details erfahren. Herr Hempel war allerdings nicht sonderlich begeistert.

Ich möchte beichten, dass ich als dreijähriger Pimpf im Urlaub in Österreich ins Loch einer Minigolfbahn geschissen habe. Bitte verzeih mir, armer Platzwart, aber ich wusste es nicht besser und es war echt dringend.

Ich muss heute auch mal meine eigene Blödheit beichten. Vor langer, langer Zeit, als die neuen Ladenöffnungszeiten eingeführt wurden (donnerstags bis 21 Uhr einkaufen), parkte ich meinen Wagen im Parkhaus eines Kaufhauses. Kurz vor Ladenschluss wollte ich dann wieder nach Hause und fuhr die spiralförmige Straße runter. Fast unten angekommen, stand ich mit meinem Wagen dann plötzlich vor einem verschlossenen Gitter und kam nicht raus. Boah, war ich sauer! Ich latschte zu Fuß wieder nach oben, um an dem Bezahlautomaten den Knopf für den Notruf zu drücken. Ich war mir sicher, dass die Parkhaustypen die neuen Ladenöffnungszeiten verpasst und das Parkhaus zu früh geschlossen hatten. Dementsprechend habe ich mich dann auch dem Menschen, mit dem ich sprach, gegenüber geäußert. Meine Selbstsicherheit schwand allerdings, als er mich fragte, ob ich nicht eventuell die Auffahrt runtergefahren wäre. Die Ausfahrt sei nämlich noch offen, nur die Zufahrt schon geschlossen. Ich war tatsächlich die Auffahrt runtergefahren. Kleine Brötchen backen hat dann auch nix mehr geholfen. Meine zaghafte Frage, ob man das Tor nicht noch mal öffnen könnte, wurde nur noch mit Gelächter quittiert, dann wurde aufgelegt. Mir blieb also nichts anderes übrig, als wieder runterzulaufen und rückwärts die Spirale hochzufahren. Das habe ich gerade noch so gepackt, bevor der Laden dann wirklich dichtgemacht hat. Ich hab danach jahrelang woanders geparkt, weil mir das so peinlich war.

Ich hasse es, wenn die Menschen in der Stadt nicht ausschließlich auf den Bodenplatten laufen, sondern auf die

Rillen zwischen den Platten treten. Ich könnte jedes Mal ausrasten.

Ich habe mehrere Uhren: für Sommer- und Winterzeit, weil ich zu faul bin, sie immer umzustellen. Wenn es dann so weit ist, tausche ich sie einfach aus.

Ich bin auf die geniale Idee gekommen, Eier, die ich gut verpackt hatte, bei 95 Grad in der Waschmaschine zu kochen. Die Eier sind kaputtgegangen, die Waschmaschine stinkt bis zum Himmel und ich darf meine Wäsche erst mal per Hand waschen.

Ich möchte beichten, dass ich ein »Genusskacker« bin. Bei mir dauert eine Sitzung zwischen 30 und 90 Minuten, je nachdem, wie viel Zeit ich habe. Eigens für dieses »Verabschiedungszeremoniell« habe ich mir einen 23-Zoll-Full-HD LCD-Fernseher mit eingebautem DVB-T-Receiver gekauft, damit ich nicht nur lesen, sondern auch TV schauen kann. Da ich das Gästebad nutze, welches ein Fenster hat, rauche ich dabei auch gern die eine oder andere Zigarette. Vor Kurzem habe ich mir extra noch ein kleines, weißes Netbook geholt, welches jetzt immer auf einem Tisch neben dem Lokus steht. Weiß musste das Netbook schon sein, denn es soll ja auch farblich zum Thema WC passen. Zum

Glück hat meine Frau volles Verständnis dafür. Auch meine Kollegen finden das total genial. Kurzum: Ich beichte also, dass ich verdammt viel Zeit meines Lebens auf dem WC verschwende. Die Wahrscheinlichkeit, dass ich dort auch irgendwann einmal dahinscheiden werde, ist damit relativ hoch.

Eines Abends wartete ich an der Haltestelle auf den Bus, als mich ein Passant fragte, wann der Bus komme. Da ich schon vorher ziemlich genervt war, sagte ich nur: »Schau doch selbst nach.« Der Herr meinte nur: »Soll das ein Witz sein?« Wütend schaute ich zu ihm rüber und bemerkte, dass er einen Blindenstock hatte. Das war mir so peinlich, dass ich mich tausendmal entschuldigte und ihm beim Ein- und Aussteigen half. Es tut mir immer noch schrecklich leid.

Ich hasse das überstehende Darmzipfel am Ende jedes Wiener Würstchens. Ich könnte kotzen davon.

Ich war heute Mittag im Baumarkt, um endlich mal eine neue Kloschüssel zu kaufen. Ich weiß nicht, wieso, aber auf einmal kam ein kleiner Junge, ich schätze um die 4 Jahre, zu mir und fragte mich, wo denn die Toilette sei. Da ich keine Ahnung hatte, sagte ich: »Guck mal, hier stehen bestimmt 50 Toiletten rum, da kannst du dir bestimmt eine aussuchen.« Ich hatte ja keine Ahnung, dass der Kleine mich ernst nimmt. Da zieht er doch wirklich blank und setzt sich fein säuberlich auf eine Schüssel und macht sein Geschäft. Ich war in diesem Moment unfähig, etwas zu machen. Ich hätte mir ganz ehrlich in diesem Moment in die Hose pinkeln können. Mir hat die Mutter von diesem Kind so leidgetan. Anscheinend hat sie dann vergeblich noch nach Klopapier gesucht. Entschuldigung dafür!

Ich (m/23) beichte eine alkoholbedingte Aktion mit Kollegen. Unser örtlicher Supermarkt hat ein Parkdeck mit einer kleinen Auffahrt. Als wir dort nächtens von einer Party vorbeikamen, stellten wir fest, dass dort oben noch ein einzelnes Auto stand. Dank des bekannten Stöckchen-Tricks lösten wir kurzerhand alle umliegenden Einkaufswagenketten und holten so lange Nachschub, bis wir einen geschlossenen Einkaufswagenkreis um das Auto herum gebildet hatten. Es war eine Heidenarbeit, mit benebeltem Kopf und im Dunkeln diese verdammten Dinger die Auffahrt hochzuziehen. Ich hätte zu gerne das Gesicht des Besitzers gesehen, geschweige denn die der Angestellten, die am nächsten Tag feststellen mussten, dass der Großteil ihrer Einkaufswagen auf dem Parkdeck war. Es tut mir im Nachhinein ein wenig leid, da die Wahrscheinlichkeit sehr hoch ist, dass der Autobesitzer 1. noch mindestens 1 Euro für das eigentlich kostenlose Parken zahlen musste (es sei denn, er hat sich ebenfalls der Natur bedient) und er 2. mindestens noch eine Viertelstunde arbeiten durfte, um sein Auto freizukriegen.

Ich muss beichten, dass ich an meinem Auto die Wischwasserdüse vorne rechts so verstellt habe, dass sie nicht auf die Scheibe, sondern auf den Gehweg spritzt. So fahre ich dann immer fröhlich spritzend an voll besetzten Bushaltestellen vorbei.

Ich habe meinen Hunger gerade mit einem halben Karton Verpackungsmaterial aus Maisstärke gestillt. Der Kühlschrank war fast leer und ich war einfach zu faul, mir etwas zu kochen. Das Zeug taugt ja im Prinzip auch als Lebensmittel, wieso sollte man es dann wegwerfen?

Wir waren mal mit Freunden in der Dominikanischen Republik. Das Essen dort ist ja bekanntermaßen alles andere als magenfreundlich. Das war mir aber egal, ich habe mir tagelang schön Salat mit Cocktailsoße und Getränke mit Eiswürfeln reingezogen. Die Rache sollte folgen. Wir sind nämlich eines schönen Tages mit einem Glasboot zum Schnorcheln gefahren. Schon auf der Hinfahrt verspürte ich ein ungutes Grummeln im Gedärm. Die Schnorchelaktion war zum Glück schnell vorbei, ich hatte schon gedacht, dass ich auf die Korallen kacken müsste. Aber als wir dann im Boot saßen, konnte ich einfach nicht mehr. Ich hab nur »Stop the boat!« geschrien, bin bei voller Fahrt über Bord gehüpft und hab tierisch ins Wasser gedönert – das unglaublich Peinliche dabei war natürlich, dass das Boot voller Franzosen war, die sich über mich kaputtgelacht haben. Neben mir saßen meine besten Freunde und auch meine Freundin. Die haben mir später noch gestanden, dass sie krampfhaft versucht hätten, nicht auf den Glasboden zu schauen, unter dem die »Goldfische« vermutlich vorbeigepaddelt sind. Das Ganze ist mir nicht nur einmal passiert, auf der Heimfahrt musste ich noch mal über Bord und die Fische füttern. Am nächsten Tag hab ich dann am Strand den Glasbootkapitän gesehen, wie er winkend und lachend an mir vorbeigefahren ist – vermutlich erzählen sie sich die Geschichte vom »crazy German« noch heute.

Auf meinem Schreibtisch liegen immer noch die Glückwunschkarten zum 18. Geburtstag. Ich bin jetzt 27. Vielleicht sollte ich hier doch mal wieder aufräumen.

Ich (m/20) will beichten, dass es mir leidtut, dass ich einem etwas jüngeren Zigeunerjungen heftig ins Gesicht geschlagen habe, als er gerade dabei war, mir mein Handy und mein

Portemonnaie aus den Taschen zu klauen. Ich habe das getan, weil ich der Auffassung bin, dass mir in einem solchen Fall die Polizei nur wenig hätte helfen können und der Zigeunerjunge damit wahrscheinlich weitergemacht hätte, wenn ich nicht so reagiert hätte. Wenn er weiter Leute bestiehlt, sollte er sich vorher überlegen, wen er da bestiehlt!

Als ich (w/31) an einem warmen Sommertag zum Friseur ging, beschloss ich, sportlich die 3 Stufen zur Eingangstür hochzuspringen. Leider schaffte ich es nicht und lag auf meinem Bauch mitten im Laden und alle guckten mich doof an.

Ich (w) erlebte letztlich das wohl Peinlichste in meinem bisherigen Leben. Es war ein Samstag und ich war das erste Mal bei meinem neuen Freund zu Hause und wurde seiner gesamten Familie vorgestellt. Nun, das machte mich alles ein wenig nervös, da ich natürlich einen guten Eindruck hinterlassen wollte, eigentlich lief auch alles recht gut. Bis eben auf ein kleines Detail, welches ich euch jetzt schildere: Da ich meine Tage hatte, musste ich des Öfteren mal aufs Klo. So stand ich also, als wir alle im Wohnzimmer versammelt waren und Kuchen aßen, wieder einmal auf und entschuldigte mich, um auf Toilette zu gehen. Dabei lief mir der Familienhund, welcher mich irgendwie mochte, freudig nach. Als ich auf dem Klo war, wechselte ich meinen Tampon und wickelte den gebrauchten wie immer in eine dicke Schicht Klopapier ein. Da der Abfalleimer jedoch nicht in Reichweite des Klos stand, legte ich das Tamponbündel vorerst neben mich auf den Boden, um es dann beim Herausgehen wegzuwerfen. Als ich mit meinem Geschäft fertig war, wusch ich mir natürlich die Hände, prüfte noch einmal mein Aussehen im Badezimmerspiegel und begab mich schnell wieder in die auf mich wartende Runde im Wohnzimmer. Dort schoss es mir plötzlich wie ein Blitz durch den Kopf: Ich habe mein Tamponbündel neben dem Klo vergessen! Blitzschnell stand ich auf, um es so schnell und unbemerkt wie möglich zu entsorgen. Doch da war es schon zu spät, denn kurz nachdem ich aufgestanden war, kam mir der Hund auch schon entgegen. Und was steckte in seiner Schnauze? Richtig! Mein gebrauchter Tampon! Bevor ich ihm diesen jedoch aus dem Maul zerren konnte, hatte er ihn bereits vor die Füße der Mutter meines Freundes gelegt und wedelte freudig mit dem Schwanz. Nun, was daraufhin folgte, könnt ihr euch ja in etwa vorstellen: Die Mutter hob das Klopapierpäckchen ahnungslos auf und fragte den Hund, was das denn sei. Aufgelöst wurde dieses kleine Geheimnis natürlich recht schnell, denn zu allem Überfluss hatte das Klopapier schon ein wenig Flüssigkeit aufgesogen. Von diesem Moment an ist mir jede Begegnung mit der gesamten Familie so dermaßen peinlich, dass ich es so oft es geht vermeide, mit jemandem von ihnen in Kontakt zu kommen. Obwohl sie das, glaube ich, gar nicht so schlimm fanden – ich fand es schlimm!

Letzte Nacht habe ich mit meinem Kumpel wieder zu viel gekifft, sodass wir irgendwie auf die dumme Idee kamen, die neuen sexy Stiefel seiner Freundin mit wasserfester neongelber Farbe zu besprühen. Als sie die Bescherung heute Morgen sah, ist sie ausgerastet und hat jetzt noch immer einen Heulkrampf. Ich hoffe, mein Kumpel überlebt die Weihnachtsfeiertage. Tut mir leid.

Ich klaue seit einigen Jahren jedes halbe Jahr den Busfahrplan an der Bushaltestelle. Ich könnte auch im Internet nachschauen, aber so ist es einfacher und er sieht ja auch ganz schön aus. Außerdem ist es dann immer sehr amüsant, mit alten Omas über die Idioten zu hetzen, die ständig den Plan klauen.

Ich war heute einkaufen, hatte auf einmal unglaubliche Lust auf Burger und kaufte mir ein 2er-Päckchen dieser Brötchen-Frikadelle-Käse-Bausätze, die man zu Hause je nach Geschick zeitsparend zu einer fast lecker bis knapp überdurchschnittlich gut mundenden Mahlzeit optimieren kann. Das Einzige, was fehlte, waren einige Salatblätter. Da das dort vorhandene Salatmaterial überwiegend tieftraurig vor sich hin vegetierte und den verlangten Preis drei oder vierfach nicht wert war, war ich kurz davor, den Burger-Plan zu verwerfen, zupfte mir dann jedoch in einem unbeobachteten Moment 3 Blätter eines Kopfsalats ab und drapierte sie gewollt zufällig im Einkaufswagen. An der Kasse verdächtigte mich niemand, nur die Kassiererin schaute etwas schräg, das tut sie aber immer. Ich habe noch nie vorher etwas gestohlen. Ich fühle mich so schmutzig. Hoffentlich schmecken die Burger trotzdem.

„Zähne putzen, Zähne putzen, Zähne putzen!« Das rief ich (m/28) in der 5. Klasse, als ich auf meinem Klassenkameraden saß und ihm eine Klobürste in den Mund steckte. Heute tut mir das unendlich leid.

Ich hasse die Reste vom Joghurt, die oben am Deckel und am Rand des Bechers hängen. Ich ekel mich davor.

Na ja, also, ich bin halt sehr träge. Wohne seit 4,5 Jahren in meiner Wohnung und habe mir zum Einzug unter anderem eine Batterie Putzmittel gekauft. Diese werden allerdings nicht alle, weil ich das Bad alle halbe Jahre grundreinige und es auch sonst nicht so genau nehme. Neulich habe ich zum ersten Mal meinen Flur nass gewischt.

Vor einigen Jahren bin ich (m) mit 2 Freunden nach Holland gefahren. Dort mieteten wir uns eine kleine Ferienwohnung. Einer von meinen beiden Freunden (ein etwas schrägerer Typ) hatte sich Pilze (also die Droge) mitgenommen und sie sich auch gleich reingeschmissen. Daraufhin wurde er ein bisschen ballaballa, sodass mein anderer Kumpel und ich mal einen kleinen Spaziergang machten, damit wir uns sein Gedöns und was weiß ich noch alles nicht reinziehen mussten. Wir gingen also und ließen ihn in der Wohnung allein zurück. Nach ungefähr einer Stunde kamen wir wieder dort an. Kaum hatten wir die Tür geöffnet, kam unser Pilz-Kollege auch schon angerannt und meinte total hysterisch: »Schnell! Folgt mir! Ich habe einen ZWERG gefangen!« Aha, dachten wir uns, einen Zwerg? Wir meinten darauf, dass ihm die Pilze wohl nicht so bekommen wären, aber er erwiderte dann: »Ich wusste, dass ihr mir nicht glaubt! Ich habe ihn im Badezimmer eingesperrt! Seht selbst!« Wir gingen also ins Badezimmer, weil wir uns den »Zwerg« mal genauer angucken wollten. Ich öffnete also die Badezimmertür und was ich dann sah, werde ich nie vergessen: In der Badewanne saß ein kleiner, etwa dreijähriger Junge, der vor lauter Heulen gar nicht mehr zur Ruhe kam.

Ich möchte beichten, dass ich mich in diesem Moment, als wir ihn sahen, einfach total über die Dummheit meines Freundes weggepisst haben und aus dem Lachen beinahe nicht mehr rauskamen. Vergib mir, kleiner Junge. Ach, und falls ihr euch fragt, wie er an das Kind gekommen ist – ich habe keine Ahnung. Wir haben es dann später bei der Polizei abgegeben. Hoffentlich geht es ihm gut.

Ich (m/20) habe Angst vor vielerlei Insekten und Spinnen. Ich habe wegen einer Mücke mal eine Nacht im Kleiderschrank geschlafen.

Ich (m/19) habe mal 50 Euro vor den Augen anderer verbrannt, nur um zu zeigen, dass ich es mir leisten kann. Dabei ist das eigentlich rein gar nicht der Fall. Hat aber gutgetan.

Mein kleiner Sohn wird im Kindergarten heftig gemobbt. Das hat mir leider auch die sehr engagierte Kindergärtnerin bestätigt. Leider scheint mein Sohn ein Weichei zu sein und anstatt den Rotzblagen nach körperlichen Attacken heftig Backenfutter zu verpassen, lächelt er dröge und geht weiter. Als ich ihn letzte Woche abholte, kam auch sein übelster Feind zur Garderobe.

Ich sah mich schnell um, ob irgendjemand da war. Dann beugte ich mich zu der kleinen Kanaille herunter und flüsterte ihm böse in ihr Ohr: »Wenn du noch einmal meinen Sohn haust, schlägst, kratzt und schikanierst, werde ich dich so fertigmachen, dass du nie wieder glücklich wirst, du hässlicher, dummer, abartiger Abschaum.« Der Kleine rannte heulend davon. Ich beichte, dass ich einen kleinen Jungen bedroht habe. Ich plage mich schon zu lange mit Mobbern herum, die werde ich alle knechten.

Ich halte mir manchmal, wenn ich auf der Straße unterwegs bin, mein Handy ans Ohr und tu so, als ob ich telefonieren würde. In Wirklichkeit rede ich aber mit mir selbst und überlege z. B., was ich an dem Tag alles erledigen muss. Wenn ich laut spreche, fällt es mir einfach leichter, die Dinge zu strukturieren. Aber weil Leute, die mit sich selbst reden, für gewöhnlich komisch angeschaut werden, greife ich zu diesem Trick.

Als ich so ungefähr 10 Jahre alt war, bin ich mal bei meiner Cousine in Frankreich in Sommerferien gewesen. Dort sind fast alle katholisch und laufen andauernd in die Kirche. Ich musste natürlich auch immer mit, was ich gar nicht mochte. Da habe ich einmal vor der Messe am Sonntag blaue Tinte in die Weihwasserbecken am Eingang geschüttet. Gut die Hälfte der Kirchenbesucher hatte blaue Punkte im Gesicht, bis es jemand bemerkte. Meine Cousine hatte mich gleich im Verdacht, konnte mir aber nichts beweisen. Heute bereue ich den dummen Streich, aber lustig war er allemal.

Ich war mal so bekifft, dass ich auf der Straße »gesehen« habe, wie das grüne Ampelmännchen zum roten hochgegangen ist und beide miteinander getanzt haben.

Ich saß alleine zu Hause. Zumindest dachte ich das, denn meine Eltern hatten sich vor kurz vorher von mir verabschiedet. Sie fuhren einkaufen. Ich wollte gerade runtergehen und mir etwas zu essen holen, als ich im Vorbeigehen ins Zimmer meiner Schwester schaute und dort unsere dicke Katze auf dem Bett liegen sah. Sie schaute mir tief in die Augen, ich in ihre. Ich fing an, mit ihr zu reden, sie zu beleidigen, weil sie doch so fett ist. Ich sagte Sachen wie »Du fetter Pelzball willst auch nicht mehr abnehmen« und anderen Schwachsinn. Da ich dachte, ich wär allein zu Haus, wurde ich immer lauter, habe ihr gedroht, sie zu töten oder sie direkt zu essen (ich hab ihr natürlich nichts getan). Auf dem Höhepunkt hab ich dann durchs ganze Haus geschrien, dass ich sie gleich aus dem Fenster werfen werde, wenn sie mir nicht auf der Stelle antwortet. Als ich dann leise lachte, da mich unsere Katze ahnungslos und verwirrt angeguckt hat, bin ich kurz zu ihr hingegangen und hab sie gestreichelt, um ihr zu zeigen, dass alles in Ordnung ist. Da ich ja Hunger hatte, bin ich dann endlich runtergegangen, um mir was zu essen zu holen. Als ich am Heizungsraum vorbeikam, bemerkte ich einen Mann, der unsere Heizungen schon seit einer Stunde versuchte zu reparieren. Den hatte ich völlig vergessen!

Ich bin ein reuiger Sünder. An jedem Karfreitag esse ich einen dicken Braten. Logischerweise gibt's zum Frühstück ein paar fette Wurstbrote. Das Ganze mache ich nur, weil ich allgemein etwas gegen Kirche und Religion habe.

Ich (m/23) möchte meine eigene Dummheit beichten: Das Ganze ereignete sich letzten Donnerstag, so gegen 3 Uhr früh. Ich war schon ein »wenig« betrunken und hatte meine Freundin gebeten, mich mit meinem Wagen von der Disco abzuholen, da ich ja selber nicht mehr fahren konnte bzw. durfte. Auf dem Heimweg kamen wir ausgerechnet in eine Polizeikontrolle. Und während meine Freundin die ganze Prozedur über sich ergehen ließ, fragte ich im Suff die beiden Polizisten: »Entschuldigung, sind Sie Zwillinge?« Die Polizisten fragten sichtlich verwundert: »Nein, wieso?« und ich erwiderte: »Weil euch eure Mama dasselbe Gewand gekauft hat!« Na ja, sie waren deswegen ein wenig verärgert, konnten aber nicht wirklich was machen, außer sich das Kennzeichen notieren. Der nächste Tag war ja ein Freitag und ich musste arbeiten, also stieg ich mit ordentlich Restalkohol in den Wagen und wollte in die Arbeit fahren. Aber ich kam nicht weit. Denn schon hinter der ersten Kurve standen wieder die 2 Polizisten vom Tag vorher und winkten mich zu sich rüber. Ich kurbelte das Fenster runter und der eine Polizist sagte: »Guten Morgen, die Zwillinge sind wieder da, blasen Sie bitte in das Röhrchen«, ich dachte nur: Fuck, jetzt bin ich am Arsch, und genauso war es. Ich hatte noch 0,9 Promille, d. h., ich bin meinen Schein jetzt für 1 Monat los, hab eine saftige Geldstrafe und muss jetzt noch so ein doofes Verkehrscoaching besuchen! Leute, ich sag's euch, verarscht NIEMALS Polizisten, sie werden es euch heimzahlen!

Ich habe Angst, auf Toiletten zu gehen, die eine Stufe in der Schüssel haben. Ich denke immer, der Haufen wachse dann so hoch, dass er meinen Hintern berührt.

Ich (w/20) liebe es, aus den Gläsern anderer Leute zu trinken. Wenn wir Besuch hatten, auch bei fremdem, muss ich mir echt verkneifen, mir deren Glas zu schnappen und daraus zu trinken. Ich weiß echt nicht, wieso ich den Drang danach verspüre. Aber ich finde den Gedanken irgendwie geil. Zum Glück habe ich ein gutes Immunsystem und fange mir nicht so schnell Krankheiten ein. Ist auch noch gar nicht vorgekommen.

Ich (m/20) habe mich nur bei World of Warcraft angemeldet, weil ich von einem Kumpel gehört habe, dass es dort Weihnachtsgeschenke gibt.

Ich (m/24) denk mal, meine Beichte fällt eindeutig unter Völlerei! Wohne seit einem halben Jahr in einer WG und eine Mitbewohnerin, deren großes Hobby das Kochen ist, bekocht mich praktisch täglich. So lecker alles auch ist, im letzten halben Jahr habe ich schon 23 Kilo zugenommen und mir einen ordentlichen Rettungsring angefuttert. Und ich hab irgendwie auch keinen Bock, auf das Essen zu verzichten. Nicht nur das! Mein Appetit hat sich durchs häufige Überfüttern schon so gesteigert, dass ich meistens nachts noch Schokoriegel oder Eis in mich hineinfuttere. Zum Glück bin ich nicht ganz alleine. Meine beiden Mitbewohner haben auch schon einige Pfunde zugelegt, was vor Freunden immer ein lustiger Gag ist. Eine einzelne Frau im Haushalt, die kochen kann, und 3 männliche Mitbewohner, die langsam ein Pfund nach dem anderen zulegen. Der Älteste von uns dreien hat am meisten zugelegt und scheint, ähnlich wie ich, auch seinen Spaß daran zu haben. Wir geben schon einen lustigen Anblick ab. Meistens alle drei, oder zumindest zwei, auf der Couch, Jeans geöffnet, weil die schon längst wieder zu eng sind, voller, runder Bauch (meistens angeschwollen vom ganzen Essen) und das T-Shirt noch hochgeschoben, damit es nicht so kneift. In der einen Hand eine Fernbedienung, in der anderen eine ganze Schüssel frisch gemachter Schokoladen-Sahnepudding. Noch dazu muss ich beichten, dass ich wahrscheinlich dabei bin, mich in unsere wundervolle kochende Mitbewohnerin zu verlieben. Habe selten eine Frau kennengelernt, die so fürsorglich und süß ist. Und noch dazu hat sie nichts gegen meine Gewichtszunahme, sondern macht mir sogar Komplimente, dass es mir gut stehe. Traumfrau. Ich liebe das Unileben!

Ich, ein 19-jähriger Student, gestehe, dass ich ein sehr unwissender Mensch bin. Ich bin bis vor 2 Wochen davon ausgegangen, dass eine Firma namens »Stift und Warentest« in ihrer Anfangszeit nur Stifte und dann langsam immer mehr Waren getestet hat, bis diese sogar in Fernsehwerbung erwähnt wurden. Eine Welt ist für mich zusammengebrochen, als ich erfuhr, dass diese Firma in Wirklichkeit schon immer »Stiftung Warentest« geheißen hat.

Ich (m/23) habe vor ein paar Tagen ein wenig zu viel Gras geraucht, bekam daraufhin einen riesigen Fress-Flash, rannte in meine Mini-Studentenküche, riss den Kühlschrank auf und ... nix! Nichts mehr zu essen in der Bude. Zum Einkaufen war es um 3 Uhr morgens auch ein bisschen spät. Ich musste aber jetzt sofort was zu essen haben. Jeder, der mal so einen Cannabis induzierten Fressanfall hatte, wird das kennen. Also habe mir dann eine Dose feinstes Hundefutter (mit Wild) aufgewärmt. Es war sehr lecker und ich kann es jedem empfehlen. Mein Hunger war weg und ich wieder glücklich. Nur meine Hündin hat ein wenig blöd geguckt.

Ich (m/18) schalte regelmäßig im Zug unauffällig die Musik meines MP3-Players ab, um die Gespräche anderer belauschen zu können.

Ich war heute beim Arzt wegen Rückenschmerzen. Nach der Vorstellung und dem üblichen Geplänkel fragte sie, ob ich Durchfall hätte. Ich wollte daraufhin wissen, wie sie denn von Rückenschmerzen auf Durchfall komme. Sie hätte das beim Sprechen am Geruch gemerkt. Ich bin jetzt noch verstört und weiß echt nicht, was ich sagen soll. Ich habe sofort Kaugummis gekauft.

Vor 2 Wochen war ich im Baumarkt. Meinen Sohn (4 Jahre alt) hatte ich mitgenommen, weil der Baumarkt sein Lieblingsort ist. Er will

dort alle Artikel genau erklärt bekommen (stöhn!). Mittendrin musste er aufs Klo. Ich ließ mir an der Information den Schlüssel geben und ging mit ihm aufs Kundenklo. Hose runter, Pipi in die Kloschüssel gemacht. Als wir die Hose hochzogen, klapperte es: Eines seiner Spielzeugautos war in die Kloschüssel gefallen. Er hat es gemerkt und verlangte, dass ich das Auto wieder aus der Kloschüssel raushole. Dazu hatte ich keinen Bock, denn die Schüssel samt Abflussrohr war total eingesaut, braune Streifen und so. Deswegen habe ich schnell abgezogen und ihm gesagt, jetzt sei alles weggespült, erledigt. Er heulte auf wie eine Sirene, worauf die Mitarbeiterin von der Information angerannt kam, weil sie dachte, es hätte sich ein Unglück ereignet. Nachdem ich ihr den Sachverhalt erklärt hatte, meinte sie: »Kein Problem!", krempelte sich die Ärmel hoch, fasste in das Abflussrohr, steckte dann bis zur Achsel drin, fingerte eine Weile, sah zu mir hoch, fing an zu keuchen und sagte dann strahlend: »Ich hab´s!« Ich bedankte mich überschwänglich, wusch am Waschbecken Hände und Spielzeugauto und machte dann Platz für sie. Sie machte aber nur mit dem Arm ein paar Schwingbewegungen, um die Flüssigkeit abzuschütteln, krempelte sich die Ärmel wieder runter und ging zurück zur Rezeption. Ich möchte mich bei allen Kunden entschuldigen, die ihr danach die Hand schüttelten.

Ich bin soeben auf die OpenOffice-Masche reingefallen. Habe mich in dem Wissen, dass OpenOffice eigentlich kostenlos ist, naiv irgendwo registriert und auf einmal kostet der Spaß 96 Euro. Irgendwie so ein Drittanbieter-Scheiß. Aus Wut und Dummheit habe ich mir einfach auf die Stirn geschlagen und meinen Kopf aufs Pult geknallt. Leide nun an Nasenbluten, Kopfschmerzen und Geldverlust.

Vorletztes Wochenende war ich (w/20) mit ein paar Freundinnen unterwegs. Später machte ich mich mit einer von ihnen auf den Heimweg. Da wir beide schon jenseits von Gut und Böse waren, beschlossen wir, bei ihren Eltern zu schlafen (der Weg war kürzer als zu mir). Als ich dort dann in der Nacht aufgewacht bin, verspürte ich das dringliche Bedürfnis zu kotzen. Da das Klo unauffindbar war, landete ich im Arbeitszimmer. Leider konnte ich mich nicht mehr zusammenreißen, fand aber nicht einmal einen Mülleimer, so musste die Schreibtischschublade herhalten. Ich habe das Teil dann im Halbsuff abgeschlossen und den Schlüssel mitgenommen. Habe bis heute noch nix gehört.

Wir schreiben den 23. November und ich habe soeben die Osterdeko abgebaut. Der Kalender steht auch noch auf Januar 2009!

Ich war gerade einkaufen und habe in fast jeden Einkaufswagen, der unbeobachtet im Laden stand, irgendwelche sehr kleinen und total überteuerten Lebensmittel gelegt. Jeder Wagenbesitzer musste bestimmt 10 Euro mehr bezahlen. Das ist mein Beitrag, um die Konjunktur wieder anzukurbeln.

Nach einer Gegendemo in Dresden habe ich einem im Zug, während er auf Klo war, in die Bierflasche gepinkelt. Auf seinem T-Shirt stand »Braun auch ohne Sonne".

Ich bin 18 und kann immer noch keine Schleife binden. Als ich im Kindergarten war, hat meine Mutter mir das aus irgendeinem Grund nicht beigebracht. Ich hab sie natürlich auch nicht danach gefragt. Später, als ich in der Grundschule war, war mir das eigentlich ziemlich egal. Wozu gab es denn Klettverschlussschuhe? Und mit 13, 14 Jahren ist es ja wirklich zu peinlich, irgendjemanden zu fragen, ob er einem mal zeigt, wie eine Schleife geht. Einmal, im Tennis-Camp, mussten wir in so einer Tennishalle extra bereitgestellte Tennisschuhe anziehen. Die hatten natürlich alle Schnürsenkel, und ich bin dauernd darübergestolpert, bis sich meine Tennislehrerin erbarmte und mir die Schnürsenkel band. Später haben noch 2 oder 3 Bekannte das rausgefunden, als sie mich baten, mal ein Geschenk zu verpacken. Sie haben die Sache nie wieder erwähnt, aber ich bin sicher, dass sie es nicht vergessen haben.

Ich (w) bin meistens zu faul, vom Computerstuhl aufzustehen und den Vorhang zur Seite zu ziehen, um zu schauen, wie das Wetter draußen ist. Stattdessen schaue ich das aktuelle Wetter im Internet nach. Ich bitte bei all meiner Faulheit um Vergebung.

Ich fand Aufräumen, Spülen etc. schon immer total langweilig. Daher stelle ich mir folgendes Szenario vor: Ich bin eine in der Szene beliebte professionelle Menschenbeseitigungsexpertin und bin gerade in irgendeine fremde Wohnung eingebrochen. Das ist dann in der Realität immer meine. Mein Team besteht aus imaginären anderen mehr und weniger humorvollen Menschenbeseitigungsexperten und gemeinsam haben wir gerade irgendjemanden um die Ecke gebracht. Ich versuche dann mittels Spülen und

Staubsaugen einfach nur die Spuren zu beseitigen. Meine imaginären Kollegen machen sich jedes Mal über meinen Tick lustig, ich könnte ja auch einfach die Mordwaffe verschwinden lassen, man würde früher oder später so oder so merken, dass das Opfer tot ist. Und ich führe dann innere Dialoge mit den Kerlen, weil ich meine Arbeit nun mal sauber mache und dafür schließlich am besten von allen bezahlt werde. Meine Wohnung war noch nie so rein wie mit diesem höllischen Kopf-Kino. Es wird auch nie langweilig. Neulich habe ich mir neue Treter für den Winter gekauft und fühlte mich dann beim Staubsaugen so professionell mörderisch. Ich beichte hiermit, dass ich einen Mordsspaß am Aufräumen habe.

Manchmal tue ich in der Bahn oder im Bus, als ob ich gähne, um zu sehen, ob ich andere Leute auch dazu bekomme. Öfter klappt das auch.

Ich habe einen Nachnamen, der nicht besonders schwierig zu schreiben ist, den viele Leute jedoch falsch aussprechen. Die meisten quetschen 1 Buchstaben zwischen 2 Silben, der dort gar nichts zu suchen hat. Da ich mit der Zeit die Lust und Geduld verloren habe, die Leute auf ihr Missverständnis hinzuweisen, spreche ich den Namen meines Gesprächspartners ebenfalls falsch aus – allerdings absichtlich. Aus Meyer wird Meyner, aus Schröder wird Schredder oder aus Bönger Dönger. Wenn ich dann verbessert werde, entschuldige ich mich, spreche mein Gegenüber jedoch weiterhin falsch an. Das Ganze geht dann so lange, bis sie auf ihren Fehler aufmerksam werden. Ich entschuldige mich für meine Ungeduld und meine Intoleranz.

Ich muss beichten, dass ich es liebe, an frischen Anleitungen zu schnüffeln! Wenn ich ein Videospiel kaufe, schnüffel ich erst mal in der Anleitung rum, und wenn die so richtig frisch riecht, bin ich zufrieden und mir macht das Spiel gleich mehr Spaß. Doch leider gibt es in letzter Zeit öfter Games, bei denen keine richtige Anleitung dabei ist. In letzter Zeit habe ich mir, dank günstigem Pfundkurs, öfter Spiele für 10 Euro aus England bestellt, damit ich was Neues zum Schnüffeln habe. Ich hoffe mal, ich habe da nicht eine ernstere Macke.

Mir ist soeben das wohl Dümmste passiert, was je einem Menschen unterlaufen ist. Jeder hat schon mal etwas zu essen mit dem Mund aufgefangen. Dabei gibt es Dinge, die sich gut dafür eignen, und ebenso gibt es Dinge, die sich dafür überhaupt nicht eignen. Das Wissen, dass man Salzstangen besser nicht mit dem Mund fangen sollte, habe ich eben beinahe mit meinem Leben bezahlt. Ich warf eine Salzstange hoch und sie ist auch in meinem Mund gelandet, nur ist sie dummerweise kerzengrade in meinen Hals geflogen. Ich wäre beinahe daran erstickt, also, Leute: Versucht niemals, eine Salzstange mit dem Mund zu fangen!

Ich (m/23) habe in meinen Semesterferien kein einziges Mal das Haus verlassen. Ich habe mich davor kiloweise mit Instantnudeln eingedeckt und mir, wenn ich Lust auf Abwechslung hatte, eine Pizza bestellt. Gewaschen habe ich mich in dieser Zeit auch nicht. Meiner Exfreundin habe ich erzählt, ich wäre die ganze Zeit mit Freunden in Kanada. Und wozu das Ganze? Ich musste mir einfach noch mal alle Detektiv Conan-Folgen ansehen.

Ich (m/23) war Mitte letzten Jahres wie eigentlich fast jedes Wochenende gepflegt mit meinen Jungs feiern. Ergebnis: Ich habe nachts aus Versehen bei einem sehr bekannten Internet-Auktionshaus einen Hochdruckreiniger ersteigert. Warum, weiß ich nicht; ich war eben Millenium-betrunken. Warum es gerade ein Hochdruckreiniger sein musste, beschäftigt mich heute noch manchmal.

Ich beichte also, dass ich meinen Alkoholkonsum reduzieren sollte.

Ich habe einmal jemandem, dessen Mutter tot ist, einen »Dei Mudda"-Witz erzählt. Als mir das hinterher eingefallen ist, habe ich mich sehr schlecht gefühlt.

Ich (w/19) nuckle noch an meinem Daumen. Es hilft mir einfach zu entspannen. Ich kann es natürlich unterlassen, wenn ich mit jemandem im gleichen Zimmer schlafe oder Ähnliches. Es ist wie eine Zigarette rauchen, wenn ich aufgebracht oder aufgeregt bin. Ich werde dadurch einfach ruhiger. Irgendwie ist es ja schon komisch, mit 19 muss ich fast über mich selbst lachen. Mit 13 ist es mir mal aus Versehen im Ferien-Camp passiert und nachts wachte eine Freundin auf, weil sie aufs Klo musste, und sah, wie ich nachts den Daumen im Mund habe. Ich habe natürlich geschlafen und nichts mitbekommen, es muss unterbewusst passiert sein. Am nächsten Morgen fragte sie danach und ich stammelte nur etwas von wegen ich müsste irgendetwas geträumt haben in der Richtung.

Es kommt mir vor, als wäre es gestern gewesen. Obwohl es nun schon 2 Jahre her ist, denke ich immer wieder an diesen Vorfall. Ich war mit meiner Freundin auf Shoppingtour und wie wir nun mal so sind, ließen wir uns lustige Dinge einfallen, wie wir Passanten veralbern könnten. Das ist unser liebstes Hobby. Meist ist auch alles gut gegangen. Bis zu diesem besagten Tag. Wir kamen auf die verrückte Idee, Autofahrern unsere BHs zu zeigen. Was uns im ersten Moment lustig erschien, sollte uns schnell zum Verhängnis werden. Die ersten Autofahrer, die vorbeifuhren, lachten nur und grölten uns zu. Wir konnten uns kaum mehr halten. Doch kurze Zeit später fuhr ein Mann – ich schätze ihn auf ca. 30 Jahre – an uns vorbei, drehte den Kopf nach uns um und da passiert es: Das Auto vor ihm bremste und der Mann knallte prompt hinein. Oh mein Gott! Wir standen unter Schock. Zum Glück ist nicht viel passiert und nur die beiden Autos trugen leichte Schäden davon. Trotzdem werden wir in Zukunft wohl nicht mehr Scherze auf Kosten anderer machen. Ich habe gelernt, dass man – vor allem im Straßenverkehr – keine anderen Menschen zur eigenen Genugtuung in Scherze einbinden darf. Es wird mir eine Lehre sein.

Als Sechsjähriger habe ich mich vor meiner Schule hinter einem Baum versteckt und dem Hausmeister »Ar***loch, Ar***loch« entgegengerufen. Vorne am Baum lehnte mein damals allerbester Freund, der mit mir sogar eine Kindergartenbande gegründet hatte. Er ist dann von seinen wütenden Eltern von der Schule abgeholt worden; ich habe alles abgestritten und schäme mich heute nach 15 Jahren noch.

Ich (m/19) habe eine sehr außergewöhnliche Angewohnheit. Wenn ich aggressiv werde, esse ich einfach eine Zitrone. Ich schäle sie natürlich vorher und streue Salz drauf. Der säuerliche Geschmack beruhigt mich enorm! Ich habe es mal mit diesen Gummischlangen in Tüten probiert, die sind ja auch sauer. Hilft nicht wirklich! Es klappt nur mit Zitronen. Diese Angewohnheit möchte ich unbedingt loswerden, weil ich natürlich nicht immer eine Zitrone dabeihabe, wenn mich jemand mal auf die Palme bringt, sodass ich erst nach einer gewissen Zeit mein starkes Verlangen nach einer Zitrone stillen kann.

Ich beichte, dass ich offensichtlich dumm bin! Neulich bat mich meine Freundin, ihr einige Sachen aus der Drogerie mitzubringen. Da sie keine Zeit hatte, stellte sie mir die leeren Packungen nur auf den Küchentisch. Ich schaute mir die Styling-Produkte an und schrieb mir einen Zettel. Unter den Sachen war auch ein »Glanz Schimmer Spray", jedoch schrieb ich »Ganz schlimmer Spray« auf und dachte mir noch: Was es nicht alles gibt. Jedenfalls beichte ich, dass ich die etwa 15-jährige, von Akne gepeinigte Auszubildende in der Drogerie fast in den Wahnsinn getrieben habe mit meinem »ganz schlimmen Spray". Denn nach 30-minütiger Suche lief ich an dem eigentlichen Spray vorbei, las die richtige Bezeichnung und mir es war dann so peinlich, dass ich es stehen ließ und gelogen habe, einen Termin zu haben, um wegzukommen. Ich bitte um Vergebung, die arme Auszubildende, die scheinbar auch keine Ahnung hatte, so umhergescheucht zu haben.

Ich möchte beichten, dass ich den Service einer Buchhandelskette ausnutze. Jedes Mal, wenn ich mir dort ein Buch kaufe, frage ich ganz freundlich, ob sie es mir auch einpacken. Dann erfreue ich mich an den genervten Blicken des jeweiligen Kassierers und der Kunden, die hinter mir warten. Zu Hause packe ich es dann wieder aus und freue mich wie ein kleines Kind. Ein kleines bisschen tut es mir sogar leid für die Kassierer, die sich da jedes Mal die Mühe machen müssen. Es macht aber einfach zu viel Spaß.

Ich beichte, dass ich (m/23) ein eigenartiges Hobby habe. An Wochenenden, wenn ich gut einen getrunken habe und dann angetütert nach Hause laufe, kann ich es nicht lassen, besonders bei den Häusern wohlhabender Leute in den Garten einzusteigen und mich umzusehen. Ich will nichts stehlen und hab auch sonst keine perversen Absichten oder so - ich interessiere mich lediglich dafür, wie die Menschen so leben. Ich stöbere also durch fremde Gärten und guck mir alles an, natürlich heimlich, was mir einen unglaublichen Kick gibt. Meine größten Feinde sind Lampen mit Bewegungsmelder sowie Hunde, das hat schon so manches Mal zu einem beachtlichen Heckensprung geführt! Doch seit einigen Wochen gehe ich weiter. Ich versuche, mir Zutritt zu den Häusern zu verschaffen. Es ist erstaunlich, wie schlecht Menschen, besonders gut betuchte, ihre Häuser gegen Diebstahl absichern. So kam es schon ein halbes Dutzend Mal vor, dass ich mich nachts durch die Häuser wildfremder Leute geschlichen habe, still und heimlich. Ich hätte Diebesgut in beträchtlicher Höhe mitnehmen können – aber das will ich gar nicht, ich will nur sehen, wie die Leute sich so einrichten und was es an toller Raumarchitektur zu bestaunen gibt. Und der Kick ist mehr als unglaublich! Mittlerweile geht das schon so weit, dass ich mir zu Hause einen antrinke, mir dann möglichst bequeme schwarze Sachen anziehe und beinahe schon Splinter-Cell-mäßig in irgendwelche Häuser eindringe. Das ist mehr als schräg, aber unglaublich spannend, und wie gesagt, der Kick – der helle Wahnsinn.

Ich beichte hiermit, dass in dem Gemüsefach meines Kühlschranks bisher nie Gemüse gelegen hat, weil dort auch Bierflaschen hervorragend reinpassen.

In den letzten Tagen habe ich so viel Solitär gespielt, dass ich sogar gerade eben am Esstisch automatisch überlegt habe, wie ich meine Familie, also meine Mutter und meinen Vater, aneinander hängen würde. Außerdem habe ich letzte Nacht von dem Spiel geträumt. Ich glaube, ich bin süchtig, und ich glaube, ich sollte aufhören.

Als ich ordentlich voll von einer Party heimkam, bekam ich nicht den Schlüssel ins Loch von der Haustür. Ich bin dann davor eingeschlafen. Als ich aufwachte, habe ich gemerkt, dass ich eine Straße zu weit gegangen war und dass das gar nicht mein Haus war. Kein Wunder, dass der Schlüssel nicht gepasst hat.

Als ich mal im Kino war, musste ich während des Films aufs Klo. Ich ging also raus und auf dem Rückweg hörte ich die Titelmusik zu einem Film, den ich bereits gesehen hatte. Er begann gerade in einem anderen Kinosaal. Ich öffnete die Tür einen Spaltbreit und blickte hinein, um mich zu vergewissern, dass es auch wirklich dieser Film war. Ich weiß nicht mehr, wie viele Leute genau da saßen. Es waren bestimmt mehr als 50. Als ich sie so erwartungsvoll dasitzen sah, konnte ich es einfach nicht

lassen, die Tür ein Stück weiter zu öffnen und ganz laut, sodass es jeder gehört hat, durch den Saal zu brüllen, wer am Ende stirbt. Danach bin ich sofort abgehauen, noch bevor jemand reagieren konnte. Niemand hat mich erwischt. Heute tut es mir ein wenig leid, den Zuschauern den Film versaut zu haben.

Ich saß gestern vor dem PC und wollte von dort aus eine leere Packung Milch draußen in die Mülltonne schmeißen. Ich war nur mit einer Boxershorts bekleidet. Die Packung landete daneben. Als ich draußen war, um sie in die Tonne zu werfen, machte plötzlich der Wind die Tür hinter mir zu und ich hatte keinen Schlüssel dabei. Meine Eltern waren nicht zu Hause und ich konnte nicht mehr rein. Ich bin dann, nur mit Boxershorts bekleidet, in den Nachbarort zu meinem Vater ins Geschäft gerannt. Die Leute haben ganz schön dumm geguckt, als ich so da reinkam. War eigentlich ganz lustig, aber ich würde es niemals wieder tun.

Es ist zwar schon sehr lange her, aber ich bin mit 2 sehr guten Freunden in eine Disco eingebrochen und wir haben dort 48 Kästen Bier geklaut. Das Lustige ist, dass wir es mit einem Kleinwagen gemacht haben. Wir sind unzählige Male hin- und hergefahren, bis wir alle Kisten sicher verstaut hatten. Es hat die ganze Nacht gedauert. Am nächsten Tag stand in der Zeitung, dass die Täter mindestens einen Kleinbus oder einen Lkw dafür gebraucht haben müssen, um eine solche Menge zu transportieren. Wir gaben anschließend jedes Wochenende eine fette Kellerparty mit Freibier zum Vollsaufen.

Bei uns in der Familie heißt irgendwie alles, wo Teig dabei ist, Kuchen. Das hasse ich total. Brötchen, Pizza, alles heißt Kuchen. Es wurde sogar mal ein Schnitzel (!) als Kuchen bezeichnet. Richtigen Kuchen gibt es dabei überaus selten.

Wenn man von einem Handy eine SMS an ein Festnetztelefon sendet, wird diese von einer Computerstimme vorgelesen. Gestern Abend war mir (m) langweilig und so habe ich eine Nachricht mit dem Inhalt »Hßmofürst Fßcken Bier Saufen Scheiße Wißhser Hßrensohn« an unser Festnetz gesendet mit dem Gedanken, sofort dranzugehen, wenn es klingelt, da das eigentlich immer sehr schnell der Fall ist. Diesmal jedoch nicht und so habe ich es einfach vergessen. Später, mitten in der Nacht, klingelte unser Festnetztelefon und ich dachte mir nichts dabei, 2 Minuten später klingelte mein Handy. Mein Vater war dran und sagte: »Ach, du hast also die nette SMS geschickt."

Neulich war ich auf dem Kiez so dermaßen voll, dass ich sogar noch am nächsten Tag mittags um 14 Uhr in einer Kneipe saß und mit total abgefuckten Leuten gesoffen hab. Keine Ahnung, wie es dazu kam, der totale Filmriss hatte mich zeitweise eingeholt. Dann torkelte ich Richtung U-Bahn. Ich saß ganze 5 Stunden da drin und bin insgesamt 4 Mal bei der Endstation aufgewacht und hatte immer wieder meine U-Bahn-Station verpasst. Um halb 8 abends war ich dann zu Hause. Meine Jacke hab ich auch verloren.

Ich habe eine große Flasche, in die meine Ein-Pfennig-Münzen kamen. Bis zur Währungsumstellung hatte ich mehrere Hundert. Irgendwie schämte ich mich, das Geld zur Bank zu bringen. Deshalb habe ich die Ein-Pfennig-Münzen behalten. Heute habe ich einen Ausweg gefunden, wie ich sie loswerde. Jedes Mal, wenn ich einkaufen gehe, versuche ich, Ein-Pfennig-Münzen als Ein-Cent-Münzen auszugeben. Da die Verkäuferinnen meistens im Stress sind, wird es selten bemerkt. Und wenn es bemerkt wird, entschuldige ich mich freundlich.

Ich habe mir nachts, nach etwa 10 Bier, eine Reihe Einkaufswagen eines großen deutschen

Discounters »geliehen«. Dafür habe ich einfach 1 Euro in den vordersten Wagen gesteckt und somit rund 30 weitere »befreit«. Nachdem ich das geschafft hatte, war ich natürlich stolz auf mich und mir kam auch schon eine Idee, was ich mit den Dingern Lustiges machen könnte. Ich begann, die Wagen über den kompletten Parkplatz zu ziehen und dabei laute Dampflockgeräusche zu machen. Später rief ich dann auch Ansagen wie »Nächster Halt: Hauptbahnhof« oder »Bitte einsteigen«. Nach einer gefühlten halben Stunde »Zugfahren« stellte ich alle Wagen zurück und ging gut gelaunt schlafen. Entschuldigen möchte ich mich an dieser Stelle bei den Anwohnern, die sicher senkrecht im Bett gesessen haben, als sich die 30 Einkaufswagen in Bewegung setzten. Ein Glück, dass keiner rausgekommen ist.

Ich (m/24) bin seit vielen Jahren Mitglied bei den Grünen (früher bei der Grünen Jugend) und habe, seit ich das erste Mal wählen durfte, trotzdem immer nur SPD gewählt.

Ich (w/18) benutze wieder/immer noch einen Schnuller. Das Ganze begann, als ich mit 14 Jahren durch einen Drogeriemarkt ging und mich fragte, wie es sich wohl anfühlt, wenn man wie ein Baby wieder am Schnuller nuckelt. Mittlerweile hab ich um die 20 Schnuller, alle schön bunt. Ich benutze sie, weil es mich unheimlich entspannt. Mittlerweile kommen sie auch beim Liebesspiel und bei der Selbstbefriedigung zum Einsatz, da ich sonst immer das ganze Haus zusammenschreie, wenn ich komme.

Ich sammle seit Jahren Schrauben verschiedenster Art. Mein Verhalten sieht folgendermaßen aus: Wenn ich außer Haus gehe, nehme ich immer einen Schraubenzieher mit. Wo man hinschaut, sieht man Schrauben! Die meisten sind mir total egal, nur bei einigen muss ich zuschlagen. Es ist dann ein fremdes Gefühl, das die Herrschaft über mich übernimmt. Ich muss diese Schraube dann entfernen und in meinen Besitz bringen. Ich habe daheim mittlerweile ca. 21 Kilo Schrauben, noch dazu führe ich parallel dazu Aufzeichnungen über Ort, Objekt, Uhrzeit und Datum. Ich kann somit jede Schraube genau zuordnen.

Vor etwa 5 Jahren nach einer Nacht voller Whisky, Zigarren, Bier und Poker kamen 2 meiner Kumpels und ich auf die Idee, noch in dem Dorf, in dem wir uns befanden, umherzuziehen. Es muss so 5 Uhr früh gewesen sein, als wir zum örtlichen Sportplatz kamen. Dort war ein Festzelt mit Tischen und Bänken aufgebaut, alle noch mit Kerzen und irgendwelchem Grünzeugs geschmückt. Wir kamen auf die Idee, diese Bierzeltgarnitur auf das nahe gelegene Vereinshausdach zu schleppen und dort fein säuberlich aufzubauen. Das Ganze hat ungefähr 1 Stunde gedauert und war recht anstrengend, da auch einige schwere Biertische dabei waren. Doch waren wir sehr zufrieden mit dem Resultat! Immerhin standen die Tische und Bänke samt Deko genauso schön angeordnet und liebevoll verziert da wie zuvor. Jetzt allerdings mit einer tollen Aussicht. Leider war die Müdigkeit größer als die Neugier. So hörten wir nur durch Dorfgeschwätz von diesem mysteriösen Vorfall.

Ich (m/22) beichte, dass ich einen Fimmel für Hamsterkäufe habe. So habe ich beispielsweise diesen Monat 30 asiatische Nudelsuppen übers Internet bestellt, außerdem kaufe ich haufenweise Eistee und neulich habe ich über das bekannte Internet-Auktionshaus 3 Paletten Dr. Pepper gekauft, wo mehr Koffein als Verstand drin ist! Jedenfalls habe ich nun kein Geld mehr und muss mich noch fast 2 Wochen von diesem Scheiß ernähren. Verhungern werde ich nicht, aber ich brauch Abwechslung!

Ich (w/26) bin heute Morgen in der S-Bahn kurz nach der Abfahrt panisch aufgesprungen und habe laut gefragt, ob das der Zug nach Erlangen wäre, weil ich dachte, ich würde in der falschen S-Bahn sitzen. Dabei saß ich nur entgegen der Fahrtrichtung, was mich verwirrte. Den Rest der

Fahrt haben mich die anderen Fahrgäste öfter sehr seltsam angesehen.

Ich habe ein großes Problem. Immer wenn ich einen Kopierer sehe, verspüre ich den unkontrollierbaren Zwang, die Einstellungen zu verändern. Gerade eben hab ich es wieder einmal getan. In der Universitätsbibliothek. 500 Kopien, 200prozentige Verkleinerung, A3-Format, doppelseitig. Die kleine BWL-Studentin hat es natürlich erst geschnallt, als es zu spät war. In meiner Firma werde ich auch schon steckbrieflich gesucht, aber ich kann es einfach nicht lassen.

Ich habe heute Morgen auf dem Dachboden meine alte Spielzeugeisenbahn wiedergefunden und muss nun beichten, dass ich in den letzten 4 Stunden lieber eine tolle, komplizierte Strecke gebaut habe, als für die bevorstehenden Abiprüfungen zu lernen.

Ich (m/22) muss beichten, dass ich zu dumm zum Autofahren bin. Heute habe ich vergessen, die Kofferraumklappe zu schließen, bevor ich in die Garage gefahren bin. Gott sei Dank sieht man den Kratzer nicht, weil das Auto hinten verschmutzt ist. Mein Vater würde mich umbringen, wenn er das wüsste, das ist nämlich schon mein 4. Unfall (die anderen 3 sind ebenfalls auf Dummheit zurückzuführen). Ich hoffe, dass er den Kratzer auf die Waschstraße schieben wird. Und ich hoffe inständig, dass keiner der Nachbarn es gesehen hat! So etwas Peinliches ist mir lange nicht mehr passiert.

Als ich gestern einen Joint geraucht habe, bin ich auf die Idee gekommen, mein Zimmer neu zu gestalten. Also bin ich zum Baumarkt und habe mir Farbe gekauft. Daheim angekommen, riss ich alle Tapeten runter – ca. 5 Lagen. Am Putz angekommen, fing es an zu bröckeln. Jetzt muss mein Zimmer neu verputzt werden. Ich sitze gerade hier zwischen Rohbau und abgedeckten Schränken und teile euch meine Erfahrung mit. So was kann echt böse ausgehen. Im normalen Zustand hätte ich das wohl nie gemacht.

Ich esse gerade meine Cornflakes trocken, weil ich zu faul bin, frische Milch aus dem Keller zu holen.

Als ich (m) etwa 10 Jahre alt war, ging ich mit meinem Vater und meinen Brüdern bei einer Fast-Food-Kette essen. So kam es, dass mein Vater und ich pinkeln mussten, also gingen wir auf die Toilette. Ich muss noch dazusagen, dass ich über die Gabe verfüge, aus extremer Distanz präzise in ein Pissoir zu treffen. Ich wollte deshalb meinem Vater, von dem ich glaubte, dass er noch im Raum war, diese Gabe demonstrieren. Ich ging also beim Pinkeln ganz weit nach hinten mit den Worten: »Schau mal, von wo aus ich pisse!« Auf eine Reaktion wartend, drehte ich meinen Kopf nach links zu den Waschbecken und schaute direkt in die ratlosen Augen eines mir unbekannten etwa 20-Jährigen. Das Ganze war mir extrem peinlich und ich verließ ohne die Hände zu waschen den Raum. Heute kann ich darüber lachen.

Ich (m/20) habe bis vor ca. einem Jahr geglaubt, Mike Krüger und Freddy Krueger wären ein und dieselbe Person. Als ich rausfand, dass dem nicht so ist, war ich natürlich erst mal recht verstört. Meine Kumpels lachen heute noch darüber, wäre ja auch zu komisch, Mike Krüger in einem Horrorfilm zu sehen, ich bin nur früher nicht darauf gekommen.

Ich (w/23) beichte mein Alkohol-Erlebnis. Freunde und ich haben zusammen gekocht und einen chilligen Abend miteinander verbracht. Von unserem Festmahl blieb eine Makrele (lecker Stinkefisch) übrig. Die hatten wir vergessen zu kühlen und wollten sie halt nicht mehr essen. Also nahmen wir den in Alufolie eingewickelten Fisch, schrieben mit einem Edding »An: Das Meer« drauf, klebten 2 Briefmarken daneben und schmissen das Ding in den nächsten Briefkasten. Leider steht dieser in meiner Straße und es war Wochenende. Sommer. Am folgenden Tag rümpften einige Leute die Nase. Im Nachhinein tut mir der Briefträger leid, der bestimmt erschrocken war über das komische Gerät im Postkasten. Und mein ganz besonderes Mitleid gilt den Leuten, deren Post an dem besagten Wochenende in dem Briefkasten lag. Ich wette, die Briefe stinken noch heute nach Fisch.

Ich möchte beichten, dass ich mich vor und nach dem Stuhlgang auf die Waage stelle. Ich finde es wirklich interessant, wie viel Gewicht man dadurch verliert, und es beruhigt einen doch irgendwie, wenn man sieht, wie schnell man doch abnehmen kann. Als Ziel habe ich mir vorgenommen, die Differenz immer größer werden zu lassen, meine Bestmarke liegt bei 1,8 Kilogramm. Ich muss schon zugeben, dass es ein wenig seltsam ist.

Es ist Silvester, das neue Jahr ist gerade ein paar Minuten alt und ich sitze hier vorm Fernseher und vorm Laptop – wie jedes Jahr seit 10 Jahren. Ich möchte beichten, dass ich erst seit 2 Jahren offen gestehe, dass ich Silvester vorm TV verbringe und gegen 2 Uhr einschlafen werde. Davor habe ich alle angelogen, um »in« zu sein. Diesen Mist, man müsste Silvester irgendwas machen, finde ich zum Kotzen.

Ich beichte, dass ich früher in der Schule mal so heftig gefurzt habe, dass sofort alle inklusive Lehrerin fluchtartig das Zimmer verließen. Als sie wenige Minuten später das Klassenzimmer wieder betraten, fragte mich meine Lehrerin, ob ich meine Gase nun im Griff hätte.

Ich (m/21) wohne zurzeit noch bei meinen Eltern, wo ich mein Zimmer habe. Darin stehen unter anderem ein Bett, ein Schreibtisch und Schränke. Den Großteil des Platzes nimmt aber mein Arbeitszeug (PC, Messgeräte, Netzgeräte etc.) ein, sodass mein Zimmer eher einem überfüllten Labor ähnelt. Nachdem sich meine Freundin über die Unordnung aufgeregt hat und schon nicht mehr dableiben wollte, habe ich beschlossen: Der Laborteil kommt in ein anderes Zimmer. Folglich bin ich gerade am Schränke-Ausräumen und da kommt so einiges (auch nicht-technische Dinge) zum Vorschein. Ich muss beichten, dass ich soeben 3 Adventskalender gefunden habe! Der eine ist von 2006, halbvoll, eine Spinne hat auch schon drin gelebt. Der zweite hat kein Datum, dürfte aber auch etwa so alt sein. Er ist ebenfalls halb leer. Getoppt hat das Ganze dann noch der originalverpackte volle Adventskalender von 2005. Folglich *muss ich wohl auch noch beichten, dass diese Unordnung, die meine Freundin bemängelt, wohl wirklich existiert.*

Ich (m/18) möchte beichten, dass ich vor gut 3 Wochen nach einem schönen Abend total high nach Hause gekommen bin. Als ich den Schlüssel aus der Garage holen wollte, ist mir das Vogelfutter auf dem Wäschetrockner aufgefallen. Da ich stark das Bedürfnis nach Essen hatte, habe ich mir das Zeug genauer angeguckt und mir sind die Packungen Rosinen aufgefallen, die meine Mutter unters Futter mischt. Ich wollte eigentlich nur eine Rosine probieren, aber im Endeffekt habe ich die Packungen komplett vernichtet und mich anschließend mit vollem Bauch schlafen gelegt. Ich möchte mich hiermit bei den Vögeln entschuldigen, denen ich die Rosinen weggefuttert habe, und auch bei meiner Mutter, welche bis heute noch denkt, dass dort Ratten am Werk waren.

Vor ein paar Jahren wurde bei uns in der Gemeinde ein Kreisverkehr gebaut. Während der Bauphase gab es einen Ampelverkehr. Diese provisorischen Ampeln haben einen Sensor, der auf heranfahrende Autos gerichtet ist. Wenn eins kommt, wird auf Grün geschaltet. Wir drehten den Sensor senkrecht nach oben, sodass er keine Autos mehr registrierte. Die Ampel blieb Rot! Wir versteckten uns 3 Meter weiter in einem großen Gebüsch und beobachteten unzählige Menschen beim Ausrasten, weil diese Ampel nicht grün wurde. Einige warteten bestimmt 15 Minuten, weil sie nicht über Rot fahren wollten! Andere hupten wie verrückt und schrien die Autofahrer vor ihnen an. Einmal stiegen 2 Kerle sogar aus und hätten sich fast geprügelt. Erst nach 2 Tagen wurde uns langweilig und wir hörten damit auf.

Ich beichte hiermit, dass ich meinen langjährigen Stalker vermisse. Seit er die Verfügung einhält, hat mein Leben deutlich weniger Pep.

Als ich (w) heute Mittag getankt habe, überkam mich plötzlich ein unglaublich starkes Verlangen. Und zwar nach Benzingeruch. Also nahm ich die Tankpistole und schnupperte ein bisschen daran. Irgendwie konnte ich aber nicht damit aufhören und so blieb ich bestimmt eine Minute lang neben dem Auto stehen und roch an dem Teil. Alle Leute in der Tankstelle und an den anderen Zapfsäulen konnten es sehen. Als ich mich dann doch irgendwann von dem Geruch losreißen konnte und zum Zahlen in die Tankstelle ging, sah mich die Angestellte ziemlich komisch an. Ich beichte also, dass ich Benzin geschnüffelt habe, obwohl ich weiß, dass es ungesund ist.

Ich finde den Geruch aber einfach lecker und unwiderstehlich! Manchmal habe ich auch in anderen Situationen plötzlich Lust darauf. Ein bisschen komisch ist das schon.

Ich (w) möchte beichten, dass meine einzige Antwort, als meine Oma an die geschlossene Badezimmertür klopfte und sagte: »Herzilein, Tante Käthe und ich fahren dann los«, aus einem genervten »Viel Spaß, grüß schön!« bestand. Der Schönheitsfehler dabei: Oma und Tante Käthe (bei Oma sind irgendwie alle Freundinnen Tanten) wollten zur Beerdigung einer gemeinsamen Freundin. Ich hatte es einfach vergessen, war aber auch in dem Moment ziemlich gestresst. Beim Scheißen möchte ich eigentlich ganz gern meine Ruhe haben. Es tut mir trotzdem leid, dass meine Oma sich nach eigener Aussage schwer für mich geschämt hat.

Wir sind vor 7 Monaten in eine WG gezogen und waren bis heute zu faul, das Namensschild an der Klingel auszutauschen. Wenn wir Essen bei einem Lieferdienst bestellen, geben wir einfach den Nachnamen unseres Vormieters an. Auch unseren Freunden sagen wir einfach, wo sie klingeln sollen.

Ich bin früher oft mit Freunden in Schrebergärten eingebrochen, um Schnaps und Bier zu klauen. Einmal haben wir dabei betrunken alle Sonnenschirme in einem Teich aufgespannt und sind gegangen. 2 Wochen später habe ich während eines Ferienjobs im Baumarkt in diese Gartenanlage ein neues Teichbecken geliefert, weil das alte völlig durchlöchert war. Der Gartenbesitzer war immer noch völlig außer sich. Ich habe immer brav genickt, das Riesending abgeladen und mit auf die Saukerle geschimpft, die so etwas machen – der Schrebergärtner hat mir 20 Euro Trinkgeld gegeben, weil ich so ein netter Junge sei.

Es ist inzwischen schon 10 Jahre her, aber damals rauchte ich vor jeder Fahrstunde ein paar Bongs. Dank Augentropfen fiel es auch nie auf. Irgendwann stand die Fahrprüfung an und da begriff ich, dass ich noch nie nüchtern Auto gefahren war. Inzwischen bin ich glücklicherweise aus dieser Phase raus, und das merkwürdigerweise sogar unfallfrei. Aus heutiger Sicht und mit einem Hauch mehr

Erfahrung: Leute, die dicht am Straßenverkehr teilnehmen, verdienen keinen Führerschein.

Ich (w) bin süchtig danach, mir meine Schamhaare zu zupfen. Ich weiß, das klingt krank, aber es tut fast gar nicht weh und es fasziniert mich, wie lang die Wurzel ist. Ich fange immer wieder damit an, wenn ich allein bin und fernsehe. Ich habe schon so viele Stunden meines Lebens damit zugebracht, sogar wenn ich eigentlich schlafen oder lernen sollte, kann ich mich nicht aufraffen aufzuhören und sitze immer länger mit der Pinzette da!

Im Flugzeug ging es mir kurz vorm Ausstieg plötzlich schlecht und ich kotzte leise auf meinen Sitzplatz und auf meine Decke. Mir war es zu peinlich, den Flugbegleitern davon zu berichten, und ich bin einfach abgehauen. An die British Airways Flight Attendants: Es tut mir leid.

Meine 2 besten Freunde und ich leben in einem totalen Kaff. Im Winter hat keiner unserer Eltern Bock, »die ganze Bande in der Bude zu haben". Weil es uns aber draußen auf die Dauer zu kalt ist und wir kein Geld haben, um uns in dem stinkteuren Café was zu bestellen, überwintern wir in der Bank. Wir sitzen dort auf den Heizungen, trocknen unsere Schuhe und Socken, hören Musik und spielen Memory und Malspiele auf dem Kindercomputer, obwohl wir schon alle um die 16 sind. Wenn jemand kommt, tun wir so, als würde einer von uns Geld abheben. Oft winken wir fröhlich in die Kameras – bisher hat sich noch niemand beschwert.

Ich beichte, dass ich immer nur Bio-Gemüse kaufe, einfach weil es in den Discountern in kleineren Verpackungseinheiten vertrieben wird und ich zu faul bin, größere Mengen zu schleppen. Eigentlich ist es mir egal, ob es Bio ist oder nicht. Aber weniger Gewicht tragen zu müssen ist einfach viel angenehmer.

Ich (m/20) liebe Graffiti und habe letztens einen Polizeitransporter besprüht. Was ich allerdings nicht wusste, war, dass jemand drin saß. Ich bemerkte es nicht, da ich unter Drogen stand. Ich musste tierisch laufen und bin nur entkommen, weil ich meinen Rucksack fallen ließ und der Polizist darüber gefallen ist. Ich will jetzt mit dem illegalen Sprühen aufhören, da meine Familie das nicht so gut findet.

Ich (w/21) habe vor ca. 2 Jahren mit meinem Freund in der Küche auf der Anrichte direkt vor dem Fenster Sex gehabt. Davor hing eine Gardine und in der Küche war wenig Licht. Wir dachten uns in dem Moment nix dabei. Er stand vor mir und ich lag auf der Anrichte, während meine Nachbarin (Anfang 50) in ca. 20 Metern Entfernung am Fenster stand und mein Freund ihr kurz zuwinkte (Kopf oberhalb der Gardine). Sie winkte nicht zurück. Ihr könnt euch denken, was jetzt kommt: Als wir das Haus verließen, sah ich, dass man durch die Gardine sehr wohl die Umrisse in der Küche erkennen konnte. Ich hoffe, meine Nachbarin kann mir mein Verhalten verzeihen, und ich bitte um Absolution. Trotzdem muss ich lächeln, wenn ich heute daran denke.

Ich habe früher immer die Pferde auf der Weide mit extrastarken Minzpastillen gefüttert. Ihr glaubt gar nicht, wie die rennen können!

Ich habe vor ca. 3 Wochen in einem Baumarkt 2 Dübel gestohlen. Mir war die Packung mit 30 Dübeln zu teuer und ich brauchte nur 2. Es war sogar recht spannend, die Dinger zu stehlen. Letzte Woche brauchte ich dann doch noch 3 Dübel (habe ein Zimmer umgebaut). Bin wieder zum Baumarkt gefahren und habe wieder Dübel geklaut. Ich weiß, dass das falsch ist und Dübel nicht wirklich teuer sind. Jetzt habe ich Angst, süchtig zu werden.

Ich muss beichten, dass ich meine elektrische Milchpumpe zum Abnehmen missbrauche. Ich habe meinen Sohn schon vor über einem halben Jahr abgestillt, pumpe aber seitdem immer noch regelmäßig ab, vor allem nach Fressattacken und Feiern. Auf diese Weise bin ich in 6 Monaten von 74 Kilogramm auf 63 Kilogramm gekommen, obwohl ich in mich reinstopfe, was ich will. Die Milch stelle ich immer für die Nachbarskatzen in den Garten.

Ich (w/49) will etwas äußerst Skurriles beichten. Mein Mann Alfons und ich erwarteten vor 13 Jahren unser 2. gemeinsames Kind, einen Jungen. Da der Vater meines Ehemanns darauf bestand, die Tradition der Namensweitergabe zu wahren, wie es sein Vater und dessen Vorväter getan hatten, versuchte er mir einzureden, meinen herannahenden Sohn auch so zu nennen. Mir persönlich gefiel dieser Vorschlag eher weniger, da mir Alfons doch etwas altertümlich erschien. Nach langem Hin und Her entschied ich mich, dem gegenzusteuern, indem ich seinem Willen nachgab. Gerade als ich ihm sagen wollte, dass wir unseren Sohn Alfons nennen, schlug er mir ein Bestechungsgeld von 5000 D-Mark vor. Ich nahm das Geld, obwohl meine Entscheidung schon feststand. Heute wird mein Sohn permanent gemobbt und mir tut meine Entscheidung noch heute leid.

Es wäre mir sehr wichtig, dass mir diese Sünde vergeben wird, weil es mir sehr, sehr leidtut.

Schule, Arbeit, Uni & Kollegen

Ich gebe in Bewerbungen immer an, teamfähig zu sein. Dabei stimmt das eigentlich nicht. Ich arbeite lieber für mich alleine und mag es nicht, wenn mir jemand in meine Aufgaben pfuscht und mitreden darf.

Ich, 35, Altenpfleger, habe die Angehörigen einer Bewohnerin belogen, die vor 2 Tagen während meines Nachtdienstes verstorben ist. Ich habe gesagt, sie sei friedlich im Schlaf gestorben, in Wirklichkeit hatte sie es sehr schwer zu gehen und ich war die ganze Zeit bei ihr. Ich wollte dieses Leid jedoch nicht auf die Familie übertragen.

Eines Tages ging ich in das Büro, wo ich früher als Aushilfskraft tätig war. Das Büro hat mehrere Sitzplätze, die durch Wände voneinander abgetrennt sind. Da ich ca. 25 Minuten vor Schichtbeginn da war, wähnte ich mich dort alleine. Gut gelaunt und pfeifend ging ich zu meinem Arbeitsplatz, fuhr den Computer hoch und ließ nebenbei ab und an so richtig einen fahren. Wie man es halt so macht, wenn man sich unbeobachtet fühlt. Plötzlich hörte ich ein lautes Rascheln. Ich war doch nicht alleine. Eine Kollegin saß hinter einer der Wände, ich hatte sie nicht bemerkt. Mit ihrem Rascheln versuchte sie verzweifelt auf sich aufmerksam zu machen, um diesem peinlichen Gedonnere ein

Ende zu bereiten. Das war so peinlich. Ich habe nichts gesagt und so getan, als ob nix wäre.

Ich habe mir in der Schule in der 6. Klasse einen Feuerlöscher auf den Rücken gebunden und Ghostbuster gespielt. Ich bekam einen Schulverweis. Schadensersatz und Auffüllen des Feuerlöschers mussten meine Eltern zahlen.

Da mich mein Vorgesetzter mehrmals erwischt hat, wie ich im Beichthaus Beichten gelesen habe, hat er mich vehement und mit Nachdruck gezwungen, hier zu beichten, weshalb ich hier Beichten lese. Nun, dann beichte ich mal: Mich interessiert es ungemein, was andere Leute so Schlimmes oder Abnormales getan haben. Ich werde es aber in Zukunft unterlassen, Beichthaus während meiner Arbeitszeit zu besuchen, und mich um einen Internetzugang bei mir zu Hause bemühen.

Ich habe in der 5. oder 6. Klasse mal im Unterricht Brausepulver geschnupft. Das Nasenbluten war so stark, dass ich sofort nach Hause gehen durfte.

Ich (m/23) habe mich vor einigen Monaten bei einer Firma beworben. Ganz regulär, mit Zeugnis,

Lebenslauf usw. Einige Tage später erhielt ich einen Anruf, ich solle zu einem Vorstellungsgespräch kommen. Als ich in der Firma am nächsten Tag eintraf, war besagter Herr jedoch krank und ich wurde an einen Kollegen verwiesen. Ich ging also zu einem ca. 40 Jahre alten, sehr seriösen und freundlichen Mann ins Zimmer. Er stellte sich mit seinem Nachnamen vor. Der Name war ganz normal, also nichts, worüber man sich hätte amüsieren können. Das Gespräch verlief die ersten 5 Minuten sehr gut, ich war ausgesprochen ruhig und habe ganz sachlich die Fragen meines Gesprächspartners beantwortet. Kurzum, es lief eigentlich perfekt und ich merkte auch, dass mein Gegenüber durchaus zufrieden war. Jedoch kam wenig später die Sekretärin ins Zimmer, entschuldigte sich für die Störung und meinte: »Jörg-Detlef, kommst du bitte mal mit rüber? Da ist ein Herr von der Firma X, es ist wichtig.« Ich dachte, ich traue meinen Ohren nicht. Dieser Mann vor mir hieß Jörg-Detlef! Als besagte Person dann das Zimmer verließ, musste ich erst einmal volles Rohr lachen. Sicherlich kann der gute Mann nichts für seinen Namen, aber er klang in dem Moment einfach zu blöd. Ich saß also lachend auf dem Stuhl, habe immer wieder »Jörg-Detlef« vor mich hingenuschelt und mir einen abgelacht. Auf einmal sagte eine Stimme hinter mir: »Lachen Sie ruhig weiter, ich habe nur meine Unterlagen vergessen.« Mich traf der Schlag. Jörg-Detlef kam nach 10 Sekunden wieder ins Zimmer, schnappte sich ein paar Dokumente und ging hinaus. Nach ca. 10 Minuten kam er wieder zurück, entschuldigte sich für die Unterbrechung und führte das Gespräch weiter, als wäre nichts gewesen. Mit dem üblichen Satz: »Wir melden uns bei Ihnen!« verabschiedete er sich von mir. Ich dachte mir: o. k., er hat wohl nicht gemerkt, dass ich über ihn gelacht habe. Ein paar Tage später kam jedoch die Absage. Man habe sich für einen anderen Bewerber entschieden. Das Fiese an der Absage war jedoch die Schriftgröße des Namenszugs am Ende des Briefes. Jörg-Detlef war in ca. 26 Punkt geschrieben, der Nachname ganz normal in etwa 12. Zur Absage bekam ich also gleichzeitig noch einen Arschtritt verpasst. Ich schwöre hoch und heilig, dass ich nie wieder über die Namen anderer Leute lache.

Ich hab mal einem Mädchen aus meiner Klasse ein Glas Würstchen gewichtelt. Ich dachte, es wäre eine lustige Idee und sie würde es auch lustig finden, hat sie aber nicht. Im Gegenteil, sie hat geweint.

Auf einem Landstraßenabschnitt, den meine Kollegen und ich in Schuss halten, werden seit einigen Monaten immer wieder auf einem knapp 3 Kilometer langen Teilstück die Begrenzungspfosten zerstört. Vermutlich fährt da ein Idiot absichtlich weit rechts und macht die Tür auf, damit er die Teile umhauen kann. Gestern und heute durften meine Kollegen und ich mal wieder aufräumen und erneuern. Wir möchten beichten, dass wir einen der Pfosten mit Beton ausgegossen und mit einer Stahlstange 1 Meter tief im Boden verankert haben.

Ich beichte, dass ich meinen international bekannten und geachteten Professor für europäisches Gemeinschaftsrecht nicht mehr respektieren kann, seit er sich auf der Herrentoilette an das Pissoir direkt neben mich gestellt und laut gefurzt hat.

Ich arbeite in einem bekannten Schnellrestaurant, das auch Nuggets im Angebot hat. Es gibt sie in 4er-, 6er-, 9er- und 20er-Packungen. Da ich finde, dass der Preis jeweils viel zu hoch ist, werfe ich jedes mal 1 bis 2 Nuggets mehr rein, als es eigentlich sein sollten; bei einer 20er-Packung können das bis zu 5 Stück sein. Wenn man beachtet, dass eine 4er-Packung ca. 2,50 Euro kostet und ich täglich um die 50 Nuggets verschenke, ergibt das einen stolzen Betrag von 30 Euro, den mein Arbeitgeber jedes Mal verliert, wenn ich arbeite.

Ich habe mich heute in einem günstigen Augenblick an den Computer meines Chefs gesetzt und über das hausinterne Netzwerk eine Mail an alle

Mitarbeiter geschrieben, in der ihnen eine Gehaltserhöhung von 1 Cent angekündigt wird.

Ich beichte, dass ich vor 2 Monaten sonntags versehentlich arbeiten ging. Ich war samstags feiern gewesen und in einem dementsprechend üblen Zustand. Als dann am nächsten Morgen der Wecker klingelte, stand ich ohne zu überlegen auf, duschte mich und fuhr zur Arbeit. Ich wunderte mich zwar schon auf dem Parkplatz, warum dort so wenige Autos standen, dachte mir jedoch nichts dabei. Also bin ich rein, Karte gedrückt und in meine Abteilung. Tja, dort stand ich dann, niemand war da und alles war aus. Hmm, also erst mal Licht angemacht und Kaffee gekocht. Nach ca. 15 Minuten, die Schicht hatte mittlerweile schon angefangen, war immer noch keiner da. Mir war das absolut schleierhaft, bis mich meine Freundin anrief und entsetzt fragte, wo ich sei. Sie lachte sich schlapp und mir war das saupeinlich. Ich überlegte, was ich machen sollte, denn ich hatte ja die Karte gedrückt, also würde man es irgendwann merken. Ich beschloss einfach, wieder nach Hause zu fahren und keinem etwas davon zu erzählen. 2 Wochen später kam der Lohnzettel und siehe da, die 1 Stunde wurde ganz normal aufgeführt und bezahlt, plus Sonntagszuschlag natürlich. Bis heute hat niemand danach gefragt.

Ich (w/27) muss beichten, dass ich eine kleine Nebenrolle in einer deutschen Fernsehserie habe. Ab und an kommt es dann tatsächlich vor, dass mich jemand auf der Straße erkennt, allerdings ist mein Part so klein, dass sie meinen Namen nicht kennen bzw. sich auch nicht recht an die Serie erinnern. Meistens kommt dann ein Spruch à la »Ich kenne sie doch irgendwoher« oder »Sind Sie nicht beim Fernsehen?« Wenn es eine männliche Person mit Freundin oder Frau ist, antworte ich jedes Mal: »Tut mir leid, ich drehe nur Pornos."

Ich habe mal beim selbst ernannten ersten Quizsender Deutschlands gearbeitet. Meine Aufgabe bestand darin, 2500 Tischtennisbälle mit Zahlen von 1 bis 2500 zu beschriften. Es gab verschiedene Sachpreise, jeweils immer für einen bestimmten Zahlenbereich. Der Hauptgewinn an dem Abend war ein 4000 Euro teurer Plasmafernseher, welcher aber nur mit 10 Kugeln gewonnen werden konnte. Da mein Gehalt so bescheiden war und ich diesen Sender absolut nicht leiden kann, habe ich bestimmt 120 Kugeln mit den für den Hauptgewinn passenden Nummern beschriftet. Leider ist der Hauptpreis doch nicht rausgegangen, dabei hatte ich mich doch so bemüht.

Ich (w/29) bin von Beruf Stewardess. Vor jedem Abflug muss ich über ein Mikrofon im Flugzeug durchsagen, dass sich bitte alle Passagiere anschnallen, sie bitte nicht aufstehen sollen usw. Da mir diese Durchsage seit Jahren auf die Nerven geht, weil ich immer und immer wieder dasselbe sagen muss, füge ich einfach so aus Spaß und nicht persönlich gemeint zum Ende meiner »Rede« ein gepflegtes »Ihr Arschlöcher« hinzu, aber natürlich nur, sobald ich das Mikrofon ausgemacht habe. Leider habe ich eines Tages den Aus-Knopf des Mikrofons mit dem Lautstärkeregler verwechselt und so aus Versehen auch mein Schlusswort deutlich hörbar für alle ausgesprochen. In dem Moment bin ich total rot geworden und hab mich geschämt, obwohl mich keiner zu Gesicht bekam. Demnach traute ich mich auch nicht, während des Flugs durch die Gänge zu gehen, um den Leuten Getränke und Snacks zu bringen, weil ich Angst hatte, sie würden mich an der Stimme erkennen. Meine Kolleginnen lachten mich nur aus, ein paar waren entsetzt und ich hatte das Gefühl, die Leute gucken mich alle verdutzt an. Ich bin froh, dass es keine Meldung gab, sonst hätte ich mir vielleicht schnell eine neue Arbeit suchen können.

Als ich noch zur Schule ging, habe ich das Klassenbuch geklaut und einen Bauarbeiter gefragt, ob er es mit einteeren kann. Er fand es lustig und hat es unter den Kies geschmissen. Seitdem liegt das Klassenbuch vor der Schule unter der Straße.

Um bei uns im Büro den Lift zu rufen, muss man mit blanker Haut den Sensorknopf drücken. Wenn Stoff darüber ist, funktioniert es irgendwie nicht. Da ich aber immer zu faul bin, meine Handschuhe auszuziehen, drücke ich einfach meine Nase dagegen. Funktioniert!

In einem Finanzamt in NRW stecken in jeder Bürotür die Schlüssel außen im Schloss. Als ich mich einmal sehr über einen Finanzbeamten geärgert habe, habe ich auf dem Weg nach draußen alle Büros abgeschlossen!

Als ich (m) etwa 7 Jahre alt war, ging ich mittags auf den Schulhof meiner Grundschule, um dort zu spielen. Mein Spiel bestand darin, einen Stein in die Luft zu werfen, mich darunter zu stellen, zu gucken, wie er fliegt, und im letzten Moment zur Seite zu gehen. Irgendwann kam ein anderer Junge und fragte, was ich da mache. Er wollte es natürlich auch gleich mal ausprobieren. Und so nahm er ein großes, kantiges Stück Beton, das im Sand lag, und warf es nach oben, stellte sich darunter und sah dem Stein zu, wie er in seinem Gesicht landete. Er brach nach dem Aufschlag direkt zusammen. Ich bin vor Schreck und Angst gleich weggelaufen, zum Glück hat eine Frau alles gesehen und ist sofort zu ihm. Ich habe mir jahrelang Vorwürfe gemacht.

Ich habe meiner neuen Kollegin erzählt, dass unser Boss jeden Mitarbeiter via Spy-Software überwacht. Ich habe dies nur gemacht, damit sie endlich mehr arbeitet und nicht den ganzen Tag mit ihrem Freund chattet. So habe ich dann wenigstens mehr Zeit zum Chatten.

Vor ein paar Wochen gab es bei uns in der Berufsschule eine Bombendrohung. Neben der Polizei waren auch SAT.1 und das ZDF da. Dann kam ich auf die dumme Idee, man könnte ja auf das SAT.1-Auto mit einem Edding RTL schreiben. Jeder hat etwas gegeben und zum Schluss waren etwa 200 Euro zusammen und ein Dummer, der das macht, war auch schnell gefunden. Das Auto stand direkt vor unserem Pausenhof. Die ganzen Leute waren sowieso bei der Schule und ein paar haben den Lehrer abgelenkt. Kurz darauf waren sie mit dem Filmen fertig, da keine Bombe gefunden worden war, und sind zu ihrem Auto gegangen. Die Gesichter waren göttlich.

Ich muss beichten, dass ich den wohl langweiligsten, ruhigsten und demotivierendsten Job der Welt habe. Ich bin Bürokaufmann-Azubi und das Einzige, was ich den ganzen Tag zu tun habe, ist, sinnlos im Internet herumzusurfen und meine Zeit totzuschlagen. Ich würde ja gerne etwas Sinnvolles tun, doch das gibt es hier nicht. Ich sitze hier nur meine Zeit ab und warte auf die Abschlussprüfung, für welche ich schon mehr als genug Vorbereitungszeit hatte.

Ich bin schon 37 Jahre jung und seit 8 Jahren Anwalt. Ehrlich gesagt verstehe ich nicht, wie ich das geschafft habe. Ich kapiere z. B. immer noch nicht, wie Pythagoras funktioniert oder was es bewirken soll. Wer mich als Anwalt hat, braucht keine Feinde.

Ich werde morgen jemanden bei der ARGE verpfeifen, der schon jahrelang ALG 2 bezieht. Mit seiner ebenfalls ALG 2 empfangenden Frau, die ein Kind nach dem anderen raushaut, arbeitet er schwarz und macht damit sehr gutes Geld. Er ist in Privatinsolvenz gegangen und kauft sich jetzt wieder ein Auto und lebt wie

Gott in Frankreich. Klar, so lange der Staat zahlt. Ich hab die Faxen dicke, er macht sich über mich lustig, weil ich mir als poofige kleine Lagerarbeiterratte nix leisten kann, während er sich mal auf die Schnelle eine PS3 kauft oder mit seiner ständig trächtigen Ollen und den bekloppten Blagen jetzt über Weihnachten nach Malle fliegt. Sie kauft sich mal schnell ein Täschchen von Louis Vuitton – dafür geht sie ja schließlich schwarz putzen. Ich hoffe, sie sperren ihm alle Gelder und geben ihnen nur noch Essensgutscheine.

Meine Kollegin ist eine fiese Frau, die mich ständig piesackt, obwohl ich nur Azubi bin und es halt manchmal einfach nicht besser weiß. Daher habe ich mir in der Pause angewöhnt, in der Nase zu bohren und es an ihrem Mousepad oder Stuhl abzuwischen. Es tut mir ein bisschen leid.

Ich (m/26) habe mit 3 Freunden vor 8 Jahren dem Auto unseres Lehrers im tiefsten Winter mehrere Lagen aus Eis und Klopapier verpasst. Immerzu Wasser, es gefrieren lassen und dann Klopapier darüber und wieder Wasser und gefrieren lassen. Das haben wir, glaube ich, 3 oder 4 Stunden lang so gemacht, bei ihm vor der Haustür. Er musste 3 Wochen mit dem Fahrrad kommen, auf rutschiger Straße, weil die Eisschicht nicht durchbrochen werden konnte. Und wieso das Ganze? Er hatte uns immerzu schlechte Noten verpasst, aber es war es wirklich Wert. Herrlich, jeden Morgen in der Früh den Blick zu sehen, wie er sich abstrampelte!

Heute muss ich mich bei einem Unternehmen entschuldigen, dem ich (w/19) die jährliche Hausmesse wahrscheinlich ziemlich versaut habe. Ich hatte mich bei diesem Betrieb um eine Lehrstelle als Bürokauffrau beworben. Der Chef steht dort mehr so auf die typischen Bürohasen. Durch die Blume ließ er beim Bewerbungsgespräch durchblicken, dass ich rein optisch nicht in die Firma passen würde. Nun arbeite ich bei einer Zeitarbeitsfirma und werde von Firma zu Firma verschoben. Dies mach ich aber nur so lange, bis ich einen anständigen Ausbildungsplatz gefunden hab. So weit so gut. Ich wurde als ungelernte Kraft für 3 Wochen einem Schlachtereibetrieb zugeteilt. Eines Tages in der Früh hieß es, ca. 30 Kilogramm Steaks und Bauchscheiben zu marinieren. Als ich den Auftragszettel las, musste ich so richtig schön in mich hineinlachen. Das Grillgut war für den Chef der obigen Firma. Da ich eh nur noch eine Woche dem Schlachtereibetrieb zugeteilt war, hatte ich nix zu verlieren. Die Marinade wurde von mir noch mit 150 Milliliter Chilikonzentrat verfeinert. Das hört sich nach wenig an, aber es ist ein Konzentrat in einem Verhältnis von 1 : 5, also megascharf. Die Steaks kamen dann noch zum Einwirken 3 Tage in das Kühlhaus. An meinem letzten Arbeitstag wurden sie dann abgeholt. Im Nachhinein bereue ich es, dass ich das schöne Fleisch so verdorben habe.

Als Mitarbeiter eines großen Zeitungsverlages legte ich mal vorsichtig 3 rohe Eier in die Rohrpostpatrone und adressierte sie an den Schreibtisch eines ein paar Stockwerke höher sitzenden Ekel-Kollegen. Für diejenigen, die das nicht mehr kennen: So eine Patrone hat ca. 6 bis 15 Kilometer pro Stunde Speed drauf, wenn sie beim Empfänger aufschlägt. Es macht Plopp und die Patrone prallt in einen Ledersack. Interessant wird es dann beim Öffnen, üblicherweise direkt über dem Schreibtisch, auf den die Sekretärin jede gelandete Patrone ablegt. »Es ist angerichtet! Guten Appetit!«

Ich musste in der 9. Klasse im Religionsunterricht ein Referat zum Thema Geschwisterliebe halten. Ich verstand das Thema jedoch falsch, weil ich im Internet unter »Geschwisterliebe« nur Material zum Thema sexueller Kontakt zwischen Geschwistern bzw. Inzest gefunden hatte. So hielt ich vor versammelter Klasse und meinem peinlich berührten sowie geschockten Religionslehrer ein Referat über Sex zwischen Geschwistern, in welchem ich mit pikanten Details und detaillierten Beispielgeschichten und Beschreibungen nicht geizte, denn sonst hätte ich die 15 Minuten nicht vollgekriegt. Bei der Vorbereitung war mir das auch schon komisch vorgekommen, dass ich darüber ein Referat halten musste, und ich hatte mich geärgert, dass ausgerechnet ich so ein peinliches Thema abbekommen hatte. Ich beichte, dass ich in meiner kindlichen Naivität nicht auf die Idee gekommen war, mein Gehirn zu benutzen und diese eigenartige Aufgabenstellung zu hinterfragen.

Ich (m/25) habe meinem Arbeitskollegen (m/52) einen Streich gespielt, der mir dann doch ein schlechtes Gewissen bescherte. Dazu muss ich sagen, dass wir keine Probleme miteinander haben und wir uns öfter mal gegenseitig etwas auf den Arm nehmen. Am Freitag habe ich eine halbe Stunde vor Feierabend seinen Telefonhörer über sein Stempelkissen geprügelt. Glücklicherweise rief ihn wie gewohnt noch jemand an und er telefonierte sicher 10 bis 15 Minuten. Seine Koteletten und sein ganzes Ohr waren danach richtig schön grün. Zu seinem Pech ging er dann auch noch 5 Minuten früher, sodass ihm auf dem Weg zum Auto niemand mehr begegnet ist und er so wegfuhr.

Ich beichte das hier, weil ich den Streich im Nachhinein selber doch sehr grenzwertig fand.

Ich muss gestehen, dass ich das 11. und das 12. Schuljahr damit vergeudet habe, Snake-2-Rekorde auf meinem Nokia 3330 aufzustellen. Deswegen wäre ich fast sitzen geblieben.

Ich arbeite in einem Bürogebäude, in dem mehrere Firmen ansässig sind. Dementsprechend gehen die Toiletten von den Fluren ab, die Lichtschalter befinden sich außerhalb, also auf dem Gang. Es kotzt mich an, dass fast jedes Mal, wenn ich ein Snickers aus meinen Lenden drücke, irgendjemand reinkommt, schneller fertig ist als ich, rausgeht und einfach das Licht ausknipst. Da sich auf den Toiletten keine Fenster befinden, darf ich dann immer im Dunkeln meine Notdurft weiter verrichten. Einmal habe ich so eine Sau dabei erwischt, wie er mir das Licht ausschaltete. Er hat aber nicht bemerkt, dass ich ihn erkannt habe. Zu meiner Sünde, die ich eigentlich gar nicht bereue: Jedes Mal, wenn ich ihn zufällig auf Toilette gehen sehe und er ein großes Geschäft verrichtet, gehe ich dort rein, rolle eine halbe Rolle Klopapier ab und halte sie unter den Wasserhahn, damit sie so richtig nass ist und tropft. Daraufhin nehme ich die ganze Suppe und werfe sie in sein kleines Toilettenabteil, sodass sie ihn ziemlich genau treffen sollte. Dann gehe ich raus, knipse das Licht aus und bin höchst zufrieden.

Mein Büro ist gegenüber vom Kopierraum. Jedes Mal, wenn eine bestimmte Kollegin dort ist und kopiert, gehe ich auch rein, nur um ihren geilen Arsch anstarren zu können. So ein perfektes Hinterteil habe ich echt selten gesehen. Damit es nicht auffällt, dass ich nur zum Glotzen in den Kopierraum gehe, tue ich immer so, als würde ich was suchen oder holen. Ich hole dann z. B. Briefumschläge, die auch dort gelagert werden. Meine Schublade ist schon voll mit Briefumschlägen, Klemmmappen und anderen Büroartikeln.

Mir (m) ist heute etwas furchtbar Dämliches passiert. Ich saß in der Küche an einer Online-Bewerbung und hatte gerade das Anschreiben fertig, als mein Mitbewohner heimkam, den Brief auf dem Laptop-Bildschirm gesehen hat und meinte, ich sollte doch zum Spaß unter meinen Namen »The Man - The Legend« schreiben. Also habe ich das tatsächlich gemacht, einfach weil ich nur mal wissen wollte, wie das aussieht und um darüber lachen zu können. Na ja, den Rest der Geschichte könnt ihr euch wohl denken. Jetzt warte ich darauf, dass ich von dem Unternehmen eine Antwort bekomme mit der Frage, warum ich denn eine Legende sei. Vergebt mir, bitte, aber bei so viel Dummheit und Unachtsamkeit habe ich den Job wohl sowieso nicht verdient.

Ich erinnere mich heute noch zu gerne an eine Klassenarbeit in der Schule zurück. Wir hatten vorher eine Freistunde und alle keine Ahnung von dem Stoff. Da wir nicht durchfallen wollten, kam ich auf einen echt skurrilen Spickzettel. Ich schrieb sämtliche Daten zur Prüfung einfach an die Hausaufgabentafel. Keiner hätte geglaubt, dass diese Idee wirklich funktioniert, aber das hat sie. Die Lehrerin merkte während der gesamten Zeit nicht, dass die Lösungen groß und breit an der Tafel standen und wir permanent dorthin sahen, um sie zu notieren. Natürlich bestand unsere Klasse die Prüfung perfekt und wir wurden gelobt für unsere tolle Leistung. Noch heute muss ich darüber lachen, wie einfach das Ganze war.

Ich arbeite in der Personalabteilung einer sehr großen Firma. Natürlich bekomme ich regelmäßig Bewerbungen rein. Was man da ab und zu sieht, ist wirklich unter aller Sau. Ich möchte beichten, dass ich nach jedem Bewerber, der sich als Azubi vorstellt und abgelehnt wird, mit einem anonymen Profil in diversen sozialen Netzwerken suche. Es ist wirklich sehr interessant, was sich für Menschen hinter den strengen Bewerbungsfotos verbergen. Außerdem schreibe ich fast jedem eine Nachricht und kläre ihn auf, worauf er in der nächsten Bewerbung definitiv achten sollte.

Ich bin Azubi zum Altenpfleger. Ich hatte mal wieder einen Praxiseinsatz in einer Einrichtung. Jeden Morgen musste ich zu einer älteren Dame ins Zimmer und ihr bei der Grundpflege helfen. Und jedes Mal maulte sie mich an, ich würde sie grob anfassen und hätte doch ein vorlautes und unfreundliches Mundwerk. Nach 13 Tagen hat es mir dann echt gereicht. Ich habe dann so getan, als wäre sie taub, sprich: Ich habe beim Reden nur die Lippen bewegt und meine Stimme weggelassen. Die Dame ist natürlich fast verzweifelt und hat geflucht und rumgeschrien. Nach einiger Zeit habe ich dann wieder normal mit ihr geredet und ihr gesagt, das komme davon, wenn man unfreundlich zum Personal ist. Und seitdem ist sie eine der freundlichsten Personen.

Ich habe meinem Praktikanten, nachdem er eine Woche krankgemacht hat, aus Rache, weil ich deshalb an meinem Geburtstag von 11 bis 22 Uhr im Laden stehen musste, Abführmittel in seine Cola gemacht und das Klopapier versteckt.

Ich bin Zahnarzt und habe Karies. Und das, nachdem ich den Leuten immer wieder erzähle, wie sie das vermeiden können!

Letztes Jahr wollte ich abnehmen. Also kaufte ich mir fettarme Milch und teures, zuckerfreies Müsli und nahm beides mit zur Arbeit, um es dort zu essen. Allerdings schmeckte mir das Müsli nicht. Ich stellte es in mein Regal und vergaß es dort. Erst als plötzlich Motten darum herumschwirrten, dachte ich wieder daran. Es war voller Maden und ich warf es weg. Jedoch flogen noch Monate später Motten rum und selbst in den Akten fanden sich teils verpuppte und teils kriechende Maden. Mein Chef meinte, es wären Papiermotten, und das gesamte Großraumbüro wunderte sich, wo die denn herkämen. Ich heuchelte ebenfalls großes Erstaunen darüber.

Ich (w) hatte oft keine Lust auf Schule und wenn ich dann eh schon 2 Stunden zu spät dran war, versteckte ich mich im Schrank. Meine Mutter dachte, ich wäre zur Schule gegangen, in Wirklichkeit saß ich bis zu 4 Stunden eingequetscht, lesend oder schlafend im Kleiderschrank. Das ist bei einer Größe von 1,77 Metern gar nicht so einfach und tut auch noch verdammt weh.

Auf dem Weg zur Arbeit fahre ich (m/Mitte 20) jeden Tag an 2 großen Kruzifixen vorbei. An dem einen hängt eine Jesus-Figur unter einem kleinen Dach, an dem anderen hängt seit Ewigkeiten nur ein Dach, aber keine Figur. Jetzt meine Beichte: da ich ein sehr zynischer Mensch bin und dachte, dass etwas schwarzer Humor die ganzen Pendler morgens und abends etwas erheitern könnte, erlaubte ich mir einen Scherz. Ich fuhr also nachts hin und heftete unter das Dach des leeren Kreuzes in ca. 2,5 Metern Höhe ein Schild, auf dem stand: »Hier könnte auch Ihre Werbung hängen!« Darunter noch die Nummer der Diözese der Stadt. Bin mal gespannt, ob da wer angerufen hat. Das Schild hing immerhin eine Woche lang. Ich wollte damit niemanden wirklich verärgern, denn ich dachte, dass auch ein paar Kirchenleute wohl etwas Spaß verstehen und mir vergeben würden. Ist ja kein wirklicher Schaden entstanden, wurde ja nichts beschädigt. Danke fürs Lesen, bitte nicht nachmachen!

Unser Chef ist ein sehr verfressener Typ, der jedes Mal ungefragt an unsere Kekse, unseren Kuchen etc. geht und selber nie was mitbringt. Zufällig hatten wir von einem Kollegen Seifenstücke aus Arabien mitgebracht bekommen, die wie herzförmige Vollkornkekse aussahen. Diese platzierten wir in einem Glasschälchen direkt neben der Kaffeemaschine und prompt kam unser Chef herein und sagte: »Hmmm, lecker, Kekse!", steckte sich eines dieser Herzen in den Mund, biss herzhaft hinein und verschwand ohne Kommentar wortlos um die Ecke.

Als ich letztens nach einem anstrengenden Arbeitstag nach Hause kam, war ich schon die ganze Zeit kurz vor dem Sekundenschlaf gewesen. Als ich dann bei uns einparkte und den Motor ausmachte, machte ich kurz die Augen zu und schlief ein. Ich erschrak beim Aufwachen. Es war auf einmal dunkel und ich hatte fast 1,5 Stunden im Auto geschlafen. Als meine Frau mich fragte, wo ich so lange gewesen wäre, meinte ich, dass ich Überstunden gemacht hätte. Ich habe mich nicht getraut, ihr die Wahrheit zu sagen.

Vor ein paar Jahren arbeitete ich in einem großen Unternehmen. Da gab es einen Typen, der Unwahrheiten über mich erzählte. Und zwar dass mein Programm (ich war Informatiker) fehlerhafte Daten generiert hätte. Das stimmte nicht und bei der nächsten Reorganisation wurde er auch deswegen entlassen. Das freute mich sehr. Nun spazierte ich letzten Sommer durch die Stadt und sah ihn plötzlich vor mir hergehen. Er begab sich zum Stadtbach, um sich die Hände zu waschen. Ich glaube, er hatte sich seine

Klauen beim Eisessen versaut. Auf jeden Fall schlich ich mich hinter ihn, als er in die Hocke ging, um die Hände im Bach zu waschen, und kickte ihn mit allem, was ich konnte. Er wurde dadurch kopfüber in den Bach katapultiert. Natürlich bin ich sofort geflüchtet, bevor er sich umschauen konnte, wer das gewesen war. Ich habe noch 2 Gassen weiter das Gelächter der Passanten gehört, die alles beobachtet hatten.

Hallo, ich habe heute in einem großen Elektronikmarkt, in dem Notebooks und PCs zum Ausprobieren aufgestellt waren, bei allen Modellen mit Webcam, die natürlich von anderen Besuchern ausprobiert worden waren und deren Fotos gespeichert waren, ihre Gesichter als Hintergrundbild eingestellt. Ich fand es lustig.

Ich habe in einer Folge einer Gerichtsshow die Hauptrolle gespielt und bin heute selbst Jurist.

Ich (w/22) arbeite als Werbetechnikerin. Seit ein paar Monaten ist nicht sehr viel los und ich arbeite hauptsächlich alleine in einer unserer Hallen. Irgendwann habe ich dann in einem Karton viele kleine Kartons und einige Pappröhren (von ca. 120 Zentimeter Länge) gefunden und bin auf die glorreiche Idee gekommen, mir damit die Langeweile zu vertreiben. Habe mir also kurzerhand aus einem der Kartons einen Helm gebastelt, ihn aufgesetzt und meine

Arme in die Pappröhren gesteckt und bin als Roboter verkleidet durch die Halle gewandert. Nachdem ich damit gute 5 Minuten beschäftigt war, nahm ich ein Husten wahr. Ich drehte mich also um und sah, dass ein Kunde bereits mitten in der Halle stand und einen Mitarbeiter suchte. Daraufhin habe ich mich ziemlich erschrocken und wollte meine Gliedmaßen aus den Röhren ziehen. Und als wäre das noch nicht schlimm genug, habe ich dabei einen meiner Pappröhrenarme direkt ins Gesicht des Kunden geschlagen. Ich wollte natürlich auf der Stelle im Boden versinken, aber nachdem der Kunde kurz gelacht hat und sagte: »Ich konnte noch nie gut mit Maschinen umgehen", war ich sehr erleichtert. Das war mir extrem peinlich und ich hoffe, er nimmt es mir nicht böse!

Ich studiere im 4. Semester Medizin, Ärztin zu werden war schon immer mein Traum. Schon als kleines Kind wollte ich nichts lieber und vor Kurzem ist mir auch wieder eingefallen, woher diese Begeisterung für Medizin rührt: Mein Kinderarzt hatte immer viele bunte Textmarker, mit denen er in meiner Patientenakte Dinge markiert hat, was mich jedes Mal sehr beeindruckte. Ich möchte beichten, dass sich der Wunsch, Ärztin zu werden, nicht etwa in meinem Hirn manifestiert hat, weil man Menschen helfen kann, sondern ausschließlich wegen der Vorliebe für bunte Textmarker.

Ich (w/29) arbeite in einem großen Unternehmen. Vor 4 Jahren stand eine höhere Position offen. Ich erleichterte meinem Chef die Entscheidung, indem ich mit ihm geschlafen habe. Ironie des Schicksals: Mittlerweile bin ich höher aufgestiegen als er. Jetzt bin ich seine Chefin und er muss mit mir schlafen, damit er trotz Wirtschaftskrise seinen Job behält.

Vor 2 Wochen hat mir mein Chef eine Gehaltserhöhung gegeben mit der Begründung, dass er es toll findet, dass wir so ein offenes Verhältnis haben und dass ich so einen tollen Job mache. Ich habe ihm nie gesagt, dass ich nur dort arbeite, weil ich nichts anderes gefunden habe. Auch weiß er weder, dass ich nebenbei studiere, noch dass ich vorhabe, zum 30.06. zu kündigen, um in Australien eine Rucksack-Tour zu machen. Außerdem weiß er nicht, dass ich während meiner Arbeitszeit im Internet surfe und Beichten auf beichthaus.com schreibe. Jetzt habe ich ein schlechtes Gewissen. Die Gehaltserhöhung nehme ich aber trotzdem gerne an.

Ich (m/23) arbeite in einem großen Unternehmen mit über 700 Mitarbeitern am Standort. Wir sitzen in Großraumbüros, wo ich nicht alle Leute kenne. Es gibt einen Kerl (ca. 40), den niemand so richtig mag, ich weiß eigentlich nicht warum, aber keiner mag ihn. Ich kann ihn von meinem Platz aus sehen. Ich täusche nun seit 4 Monaten vor, den gleichen Pinkel-Rhythmus zu haben wie er. Immer wenn er aufs Klo geht, gehe ich auch. Einfach nur weil er sich darüber freut, er lacht dann jedes Mal, findet das unheimlich lustig und amüsiert sich prächtig. Teilweise trinke ich sehr viel, nur damit ich auch wirklich pinkeln muss. Oder ich verkneif es mir so lange, bis er endlich geht. Er trinkt ebenfalls viel. Ich mache das nur für ihn, weil ihn keiner mag und er mir echt leidtut. Ich opfere für ihn meinen normalen Klo-Rhythmus, nur um ihm mehrmals täglich eine kleine Freude zu machen. Das ist keine schlimme Beichte, aber ich könnte das nie jemandem erzählen. Danke fürs Lesen.

Ich gebe in Bewerbungen immer an, Swahili sprechen zu können. Kann ich natürlich nicht, aber es macht einen guten Eindruck und mir kann keiner das Gegenteil beweisen.

Ich (m/35) bin Geschäftsführer eines kleinen mittelständischen Unternehmens. Auch mich trifft die Wirtschaftskrise sehr hart. Ich muss 5 von 14 Mitarbeitern am Ende der Woche entlassen. Einer von ihnen ist vor 4 Wochen gerade erst Vater geworden und muss seine Familie ernähren. Ich würde so gern eine andere Entscheidung treffen, aber ich muss die unproduktivsten Mitarbeiter entlassen. Ich bitte um Vergebung.

Vor einigen Jahren musste ich mit einer Auszubildenden einen gerade verstorbenen Patienten frisch machen und für die Angehörigen vorbereiten. Als wir dann im Zimmer waren, kam meine Kollegin, um mir zu sagen, dass sie sich kurz von der Station entfernen müsste. Ich nahm daraufhin die Hand des Verstorbenen und machte eine Art winke, winke in ihre Richtung. In diesem Moment erschien es vielleicht ganz lustig, aber im Nachhinein hätte ich mir in den Arsch beißen können. Ich möchte beichten, dass ich die Totenruhe gestört habe und es mir sehr leidtut.

Ich habe mal zeitweise in einer Drogerie gearbeitet. An sich ein netter Job, das Problem ist nur: Die meisten Leute, die sehen, dass man im Verkauf arbeitet, schlussfolgern daraus sofort, dass man strohdumm ist. Dementsprechend abfällig wird man behandelt. Jedenfalls waren ebendiese Leute meist intellektuell überfordert, wenn es darum ging, Gewinncoupons in die entsprechende Box zu werfen. Stattdessen haben sie sie mir gegeben. Die Coupons der Leute, die mich herablassend behandelt haben, sind dann direkt woanders gelandet – nämlich im Mülleimer. Viel bewirkt habe ich damit wohl nicht, aber es tat einfach wahnsinnig gut. Jeder, der mal im Verkauf gearbeitet hat, wird mich da wohl verstehen.

Ich (m/28) möchte beichten, dass ich über den Winter ziemlich viel Geld gemacht habe. Ich arbeite auf einem Fabrikgelände etwas außerhalb einer mittelgroßen bayerischen Stadt und hinter dem Gebäude ist eine große Wiese, auf der im Winter eine Langlaufloipe angelegt ist. Unser Chef hat einen Husky, den er oft in der Fabrik im Büro lässt, weil er keine Zeit hat, sich um ihn zu kümmern und damit das Tier so nicht alleine ist. Dann ist er meist den ganzen Tag weg und die Kollegen und ich haben den Hund im Büro. Wir fingen irgendwann an, den Hund an Langläufer zu »vermieten". Man konnte sich von ihm für 10 Euro einmal die ganze Loipe entlangziehen lassen (ist in einem Rundweg angelegt). Wir kauften dem Hund sogar extra ein Geschirr dafür. Das Geld, das wir damit einnahmen, haben wir immer untereinander aufgeteilt. Ich beichte, dass ich den Hund meines Chefs für finanzielle Zwecke missbraucht habe, ohne dass er davon wusste. Aber das Tier braucht doch Auslauf!

Ich habe eine Kollegin, die ich absolut nicht leiden kann. Sie ist hinterhältig, falsch und egoistisch. Sie hat die Angewohnheit, im Sommer barfuß durchs Büro zu laufen, und stellt ihre Schuhe neben ihrem Schreibtisch ab. Als ich letzte Woche an ihrem Büro vorbeikam, war sie gerade nicht da. Ich habe mir die Schuhe (ziemlich neue, teure Pumps) geschnappt und sie in die Mülltonne vor dem Bürogebäude geworfen. Die Kollegin hat keine Ahnung, was aus ihren Pumps geworden ist, und lässt seitdem die Schuhe immer an.

Ich durfte übers Wochenende das Auto meines Chefs fahren und habe mit meinem Freund einen Ausflug Richtung Meer gemacht. Wir hatten belegte Brötchen dabei, auch mit Ei. Ich liebe Ei. Beim 2. Biss ist mir leider die gesamte Ladung weiches Ei mit Remoulade rechts zwischen Sitz und Konsole gefallen. Es war nicht mehr zu retten, auf jeden Fall nicht mit den Fingern. Wir haben dann mit Stöcken vom Strand das Remouladenei unter den Sitz gestochert.

Ich möchte beichten, dass ich gerade alle örtlichen Zeitungsredaktionen über den Suizidversuch einer Klassenkameradin informiert habe, obwohl der Schulleiter uns das verboten hat. Ich habe es getan, weil ich finde, dass die Schule durch ihr Nicht-Handeln in der Vergangenheit dazu beigetragen hat, dass meine Mitschülerin diesen Versuch startete. Hoffentlich muss die Schulleitung nun dafür geradestehen. Das Mädchen liegt übrigens im Wachkoma und ist zumindest schwerstbehindert, falls sie jemals wieder aufwacht.

Ich hasse meinen Job. Seit Anfang des Jahres nehme ich jeden Tag irgendetwas aus meinem Büro mit in der Hoffnung, endlich entlassen zu werden. Ich habe jetzt schon 10 Locher zu Hause.

Ich beichte, dass ich mein gesamtes Studium als Go-go-Tänzerin finanziert habe. drei bis viermal in der Woche habe ich das gemacht. Es gab einen guten Lohn, rund 100 Euro, später dann auch 150 Euro pro Abend. So konnte ich mir alleine eine Drei-Zimmer-Wohnung in Heidelberg leisten und hatte nie Geldsorgen. Mir hat es auch echt Spaß gemacht, es ist ja nichts Schlimmes dabei, man tanzt nur und die Leute fassen einen nicht an. Meine Familie und meine Freunde hatten keine Ahnung. Sie dachten, ich hätte immer Jobs gehabt wie auf langweiligen Messen den ganzen Tag zu arbeiten oder im Café zu kellnern. Alle wunderten sich, warum ich so viel Geld hatte. Meinen Eltern habe ich erzählt, ich hätte eine wohlhabende Mitbewohnerin, und meine Freunde dachten, meine Eltern würden mich so stark finanziell unterstützen. War echt eine chillige Zeit. Das Einzige, wovor ich Angst hatte, war, dass mich einer meiner Freunde oder Studienkollegen beim Arbeiten sehen könnte. Kam aber zum Glück nie vor.

Ich habe in der 9. Klasse mein Zeugnis das Klo runtergespült, weil die Noten nicht wirklich prickelnd waren. Meinen Eltern erzählte ich, im Sekretariat wäre es verschlampt worden und es dauere, bis ein Neues erstellt werden könnte. Nach einer Weile hatten sie es vergessen und ich war erleichtert.

Seit ich heimlich auf der Arbeit kokse, werde ich viel mehr gelobt und krieg jetzt sogar ein Einzelbüro.

Als ich 7 Jahre alt war, war es nicht unüblich, dass wir Jungs uns in der Schule prügelten. In der kleinen Pause drinnen auf unserem Kampfteppich (Ring) und in der großen Pause draußen. Einmal, ich war gerade voll dabei und prügelte mich wieder, kam es, wie es kommen musste. Ich holte zum Schlag aus, zog voll durch, mein Gegner duckte sich, ich verfehlte ihn und traf stattdessen ein armes

kleines Mädchen aus meiner Klasse genau in die Kauleiste! Sie verlor 2 Zähne (glücklicherweise nur Milchzähne) und ich wurde zu einigen Wochen Strafarbeit verurteilt. Das Mädchen tat mir zwar leid und ich hatte auch ein schlechtes Gewissen. Doch bis heute denke ich: Respekt! Hammerschlag, besser hätte ich nicht treffen können.

Als ich 18 war, hatte ich noch bis kurz vor den Schulabschlussprüfungen einen kleinen Nebenjob im Supermarkt. Einräumen von Regalen, Kehren usw. Ich wollte den befristeten Arbeitsvertrag aber nicht vorzeitig auflösen und so ist mein Zwillingsbruder für mich arbeiten gegangen, wenn ich keine Zeit oder Lust hatte. Er bekam dann natürlich auch den Lohn dafür. Außer dem Chef war niemand eingeweiht, die Mitarbeiter haben sich nur gewundert, warum sich »meine« Frisur dauernd änderte. Es war amüsant anzusehen, dass die Kollegen erst nach Wochen darauf gekommen sind, dass dort 2 verschiedene Personen arbeiteten.

Ich beichte, dass ich seit Jahren unter der Jacke noch meinen Schlafanzug trage, wenn ich ins Geschäft komme. Hosen trage ich natürlich, weil es sonst auffallen würde. BH und Bluse ziehe ich aber erst im Geschäft an. Make-up und Zähneputzen erledige ich dort auch. Ich schlafe einfach morgens lieber ein paar Minuten länger!

Jeden Morgen das Gleiche. Kaum steigt man in die S-Bahn, um in die Arbeit zu fahren, ist man von grölenden Horden mit viel zu großen Rucksäcken umgeben, die vorgeben, auf dem Weg in die Schule zu sein. Ha! Never ever. Diese Critters sind doch meines Erachtens alleine dazu da, normale Menschen mit ihrem Gerenne, Geschubse und Geplärre an den Rand eines Nervenzusammenbruchs zu bringen. Besonders die dauerkichernden minderjährigen Gören nerven mich. Und ja – ich beichte: Ich hasse Schüler. Ich kann sie nicht leiden! Ich war nie so, nie! Und ich beichte weiterhin, dass ich beim Aussteigen grundsätzlich in voller Absicht die lästigen Zwerge zur Seite ramme. Erst recht, wenn sie auf dem Bahnsteig stehen und in den Zug wollen. Denn dann drängeln sie sich vor der Tür, lassen niemanden aussteigen, sondern quetschen sich sofort in die Bahn. Dann verschafft es mir unendliche Befriedigung, sie wegzuschubsen. Oh Mann – tut das gut.

Ich (w/18) möchte hier meine erste Beichte ablegen. Bis vor ca. 1 Monat hielt ich Franz Kafka für Markus Kavka (Moderator bei MTV). Und nein, ich bin keine Schulabbrecherin von der Hauptschule, sondern auf dem besten Wege zum Abitur. Es ist mir wirklich sehr peinlich, doch mittlerweile kann ich darüber lachen. Ich hoffe, ich habe hiermit dem Ruf der heutigen Jugend nicht noch mehr geschadet.

Ich finde es echt gemein, dass momentan alle meine Kollegen im Urlaub sind und ich als Einzige im Büro sein muss. Leider ist es zu dieser Jahreszeit sehr ruhig, aber eine arme Socke muss die Stellung halten. So ist es mir vor Kurzem passiert, dass ich doch tatsächlich vor meinem PC eingeschlafen bin. Es kam kein einziger Anruf und es waren auch keine E-Mails in meinem Posteingang, sodass ich es mir im Büro ganz gemütlich gemacht habe. Ich habe mir eine schöne Tasse Tee gekocht, ein wenig Musik eingeschaltet und ganz schnell fielen mir die Augen zu. Irgendwann habe ich mich dann dabei ertappt, wie ich beinahe schnarchend aus meinem Bürostuhl gefallen wäre. Was wäre passiert, wenn doch plötzlich aus irgendeinem Grund wer hereingekommen wäre? Ich finde, ich habe mir das Schläfchen verdient.

Früher in der Schule hatte ich eine 1A-Methode, bei Tests zu betrügen. Den Spickzettel ließ ich einfach so aussehen, als handelte es sich um den Zettel, auf dem ich den Test schrieb: also oben Name, Klasse und Datum und groß in der Mitte »Klassenarbeit«. Dann den Text immer schön durchnummeriert, damit es so aussah, als ständen da meine soeben verfassten Lösungen. Den Spickzettel habe ich natürlich erst nach ca.

der Hälfte des Tests hervorgekramt, denn wäre der Lehrer doch mal durch die Reihen gegangen, sollte es ihm nicht spanisch vorkommen, dass nach 5 Minuten bereits ein voller Zettel dort lag. Ich hab das Ganze jahrelang praktiziert und mir damit sozusagen das Abitur ergaunert.

Ich (m/26) gehe oftmals während der Arbeitszeit heimlich in die Kellerräume des Büros. Dort überbrücke ich meine Langeweile mit dem sogenannten Paletten-Jumping. Ich denke mir einen Parcours über die unzähligen mit Heften beladenen Paletten aus. Dabei darf ich weder die Hände benutzen noch den Boden berühren. Nach erfolgreichem Jumping reiße ich die Arme hoch und stelle mir Jubelgesänge und ausflippende Sportreporter vor wie beim Gewinn der Weltmeisterschaft. Auch hoch im Kurs der kellerlichen Arbeitsverweigerung steht der »Ameisen-Rodeo". Mit der Ameise, einem Palettenheber, versuche ich waghalsige Manöver durch die Kellerräume zu fahren, ohne runterzufallen. Da das Ganze sehr laut ist, kann ich es allerdings nicht allzu lang machen. Manchmal spiele ich aber auch nur »Palettenschieben". Hierbei versuche ich, die Paletten möglichst perfekt und platzsparend neu anzuordnen, wobei hier eine ausgefeilte Strategie zum bestmöglichen Ergebnis führt. Die

3. Disziplin der Keller-Olympiade ist der »Karton-Weitwurf". Halb volle Kartons müssen möglichst leise auf die noch vollen Paletten geworfen werden. Treffe ich das von mir vorbereitete Loch, habe ich gewonnen. Oft ist es passiert, dass ich dann jubelnd (flüsternd) mit hochgerissenen Armen durch den Keller gelaufen bin und mich von den imaginären Zuschauermengen habe feiern lassen. Danach, ca. 30 Minuten später, gehe ich wieder hoch, als wäre nichts gewesen. Bis mich jemand dabei erwischt – das wird peinlich. Sorry, dass ich meine bezahlte Arbeitszeit mit diesem Unfug verbringe.

Ich möchte beichten, dass ich bis letztes Jahr, trotz Abitur, das Alphabet nicht konnte. Ich habe immer M und N vertauscht. Inzwischen kann ich mir die Reihenfolge über die Eselsbrücke No (also Englisch für Nein) merken. Wirklich auswendig kann ich es aber immer noch nicht.

Ich weiß auch nicht, ob ich langsam bescheuert oder größenwahnsinnig werde. Ich bin Augenarzt in einer Gemeinschaftspraxis. Seit eine junge (eigentlich nicht so attraktive) Kollegin in der Kaffeepause mal gesagt hat, dass wir durch unsere Lasik-Therapie (Korrektur der Fehlsichtigkeit durch Laseranwendung) »Blinde zum Sehen bringen", habe ich bei jeder, wirklich jeder

Behandlung immer den biblischen Satz auf den Lippen: »Wahrlich, ich sage dir: Steh auf, du kannst sehen! Du warst blind und ich habe dich geheilt! Gehe hin und verkünde von diesem Wunder.« Gott sei Dank habe ich ihn noch nicht laut zu einem Patienten gesagt, aber das wird mir sicher in den nächsten Wochen passieren. Dieser Job ist eine (gut bezahlte) Knochenmühle und macht mich so langsam wahnsinnig. Hilfe!

In meiner ehemaligen Firma drehen jeden Morgen hohe Führungskräfte, das von uns sogenannte Oberkommando, ihre Runde. Dabei sind sie aber nicht gerade freundlich und sagen nie guten Morgen. Da letzte Woche mein letzter Arbeitstag war und ich nichts zu befürchten hatte, bin ich mit eingefetteten Händen auf sie zu, habe jedem die Hand geschüttelt und dabei ganz laut »Guuuuten Moooorgen« geschrien.

Ich entwickle gerade übermäßiges Körperpflegeverhalten und obwohl ich weiß, warum, kann ich nichts dagegen tun. Ich muss gerade eine wissenschaftliche Arbeit schreiben, der Abgabetermin rückt unaufhörlich näher und ich schwanke zwischen Optimismus und Resignation. In Bio habe ich gelernt, dass Hühner bei einem Konflikt zwischen Pflichtbewusstsein (die blöde Arbeit schreiben) und Fluchtreflex (das Ganze einfach sein lassen) anfangen, sich zu putzen. Und genau das mache ich auch. Ich habe mir heute bis jetzt unter anderem viermal die Zähne geputzt, zweimal geduscht, ca. sieben bis achtmal die Hände gewaschen, Beine rasiert, obwohl es nicht nötig gewesen wäre, sie zweimal mit Bodylotion eingecremt, die Fingernägel lackiert usw. Bin ich jetzt ein Huhn?

Ich (m/21) habe doch tatsächlich bis zu meinem 15. Lebensjahr geglaubt, das ehemalige Staatsgebiet der DDR beschränke sich nur auf Ostberlin. Schon komisch, aber es war immer und überall von Ostberlin, vom Checkpoint Charlie etc. die Rede (auch in Dokus, die ich hin und wieder mal gesehen habe). Da wurde überhaupt nie was anderes erwähnt, und so pflanzte sich bei mir die begründete Vorstellung ein, die DDR bestünde nur aus Ostberlin und wäre ein winzig kleiner Stadtstaat. Dabei war ich wirklich ein Einserkandidat in Geschichte und habe mich auch zu Themen der DDR lebhaft geäußert (war ja auch immer alles richtig, da wir nie über so etwas scheinbar Selbstverständliches wie die Staatsgröße gesprochen haben, da es keiner für nötig hielt, das mal zu sagen). Eines Tages hat dann der Lehrer ein Arbeitsblatt über diese Verbindungsstraße von Westberlin in die Bundesrepublik ausgeteilt. Darauf war auch eine Karte abgedruckt. Ich als vermeintlicher Geschichts-Streber saß dann mit meinem Blatt da und habe ziemlich dumm aus der Wäsche geguckt.

Ich habe einst die Duschköpfe im Studentinnenwohnheim aufgeschraubt, Suppenwürfel reingelegt und wieder zugeschraubt. Der unnachahmliche Geruch des Duschwassers ließ sich für eine Studentin nur so erklären, dass das Spülwasser der Mensa aus Kostengründen direkt in die Duschen geleitet würde.

Vor vielen Jahren warb ein Schokoladenhersteller damit, dass in jeder Tafel mindestens soundso viele Nüsse enthalten seien. Um dies zu kontrollieren, habe ich während meiner Arbeit eine Tafel gegessen und immer um die Nüsse herumgelutscht, diese dann wieder ausgespuckt und in einem Schälchen gesammelt. Tatsächlich waren sogar ein klein wenig mehr Nüsse enthalten als versprochen. Anschließend ließ ich die Schale mit den angelutschten Nüssen auf meinem Schreibtisch stehen. Ein paar Stunden später kam ein Handelsvertreter und naschte davon, während er mit mir verhandelte. Um das Geschäft nicht zu gefährden, ließ ich ihn weiterknabbern und sagte nicht, dass ich die Nüsse schon abgelutscht hatte.

Ich (m/33/Abteilungsleiter in einem Logistikunternehmen) möchte meine eigene Dummheit beichten. Ich habe gerade einer Mitarbeiterin folgende Mail geschrieben: »Ich sende dir im Anhang ein Excel-File. Siehst du die rote Spalte mit den Zahlen? Kannst du bitte die Summe aller Zahlen dieser Spalte ausrechnen und mir zurückschicken?"

Ich habe in der 10. Klasse einem beliebten Lehrer aus einer Parallelklasse das Kompliment coole Frisur gemacht! Er hatte er eine Vollglatze. Davor hatte er immer so einen grauen Haarkranz von Ohr zu Ohr um den Hinterkopf herum gehabt. Ein Jahr später ist er gestorben: Er hatte Krebs und nur ICH wusste es nicht. Es tut mir so leid, Herr R., ich hoffe, es hat Ihnen damals nicht zugesetzt.

Lieber Kollege, ich muss mich entschuldigen. Ich habe die Einstellung der Geschwindigkeit deiner Maus auf die langsamste Stufe gestellt. Die Geschwindigkeit des Doppelklicks habe ich lächerlich hoch eingestellt und weiterhin deinen Bildschirmschoner so eingestellt, dass er sich innerhalb 1 Minute einschaltet. du musst dich jetzt also ständig neu einloggen. du bist in deinem Arbeitsgebiet zwar sehr gut, jedoch nicht besonders fit mit Computern. Ich muss mir das Lachen im Büro die ganze Zeit so extrem verkneifen, weil du wieder über die verdammt langsame Maus schimpfst und Dich aufregst, dass alles wieder so langsam ist. Um dich nicht allzu lange zu nerven, habe ich die Mausgeschwindigkeit auf das schnellste Niveau gestellt. Deine Maus funktioniert jetzt plötzlich wieder! Lag wohl doch nicht an den Batterien. Entschuldigung für die Aufreger!

Ich habe aus Rache die Telefonnummer meines Chefs an die Wand des Bahnhofsklos geschrieben und darunter »F*cken Tag und Nacht".

Ich war eine Zeit lang echt schlecht in Mathe. Meine Eltern beschlossen, mich zur Nachhilfe zu schicken. Ich willigte unter der Bedingung ein, meinen Nachhilfelehrer selber aussuchen zu dürfen. Ich nahm also Nachhilfe bei einem Typen, der gleich alt war wie ich (damals 16). Wir verstanden uns super und meine Noten verbesserten sich auch relativ schnell. Mit der Zeit war ich so gut, dass ich die Nachhilfe eigentlich gar nicht mehr benötigt hätte, und so kam uns die glorreiche Idee, mit dem Geld für die

Nachhilfe Gras zu kaufen. Gesagt, getan. Von da an ging ich dann einmal pro Woche mit dem Geld meiner Eltern zu dem Typen und wir zogen einen durch! Wir waren echt immer gut stoned und hatten viel Spaß! Nach so ca. drei bis vier Monaten packte mich dann aber doch das schlechte Gewissen und ich entschied, meinen Eltern zu sagen, dass ich die Nachhilfe gar nicht mehr nötig hätte. Trotzdem packt mich ab und zu noch das schlechte Gewissen, war aber eine echt geile Zeit!

Ich (m/39) bin Abteilungsleiter in einem mittelständischen Unternehmen und seit ca. 3 Jahren in dieser Position. Ich habe es geschafft, seit einem halben Jahr keine Aufgaben mehr zu haben. Ich habe alles so auf die Mitarbeiter aufgeteilt, dass ich am Ende nichts mehr zu tun habe. Ich habe alles perfekt verteilt - bis auf ein paar lästige kaufmännische Tätigkeiten. Diese habe ich meinem Vorgesetzten als eine so aufwendige Arbeit verkauft, dass ich dafür auch noch eine kaufmännische Hilfskraft genehmigt bekommen habe. Die hab ich dann auch direkt eingestellt. Und seitdem geh ich jeden Tag zur Arbeit und spiele diverse Onlinespiele, lese Zeitung, vor Kurzem erst habe ich es fertiggebracht, einen ganzen Film zu gucken, hat aber keinen Spaß gemacht, weil ich ständig den Ton leise stellen musste. Manchmal, wenn mir langweilig ist und ich ein bisschen Unterhaltung brauche, berufe ich auch spontan irgendwelche Besprechungen ein. Ich werde nur hier und da mal gestört für eine Unterschrift, die ich geben muss, oder für irgendwelche Mitarbeitergespräche, wenn es mal Ärger gibt. Anfangs fand ich das mehr als angenehm, aber so langsam verliere ich meinen Elan und ich bin noch relativ jung, sollte nicht so sein. Aber ich denke, ich bleib erst mal dabei, die Situation habe ich viel zu gut arrangiert, um das jetzt schon kaputt zu machen.

Meine Kollegin beschwert sich ständig über die verschiedensten Gerüche wie Döner, Fencheltee usw. Das kann auch mal ziemlich nerven. Deswegen bin ich heute hingegangen und habe ihr ein Duftbäumchen unter den Tisch geklebt.

Es ist der Fluch der Lehrlinge und Praktikanten, immer verarscht zu werden. Ich beichte, dass ich zu denen gehöre, die sich die schlimmsten Dinge ausdenken. Vorweg gesagt: Ich arbeite auf dem Bau und da versucht eigentlich jeder, den anderen irgendwie hinters Licht zu führen. Bei einem Auftrag auf dem Gelände einer großen Firma gibt es kostenlose pinkfarbene Ohrstöpsel, die in einem Behälter aufbewahrt werden. Der Scherz ist uralt und wird nie unlustig: Ich nahm mir eine Handvoll Ohrstöpsel und fragte meinen Kollegen, ob er nicht auch ein Kaugummi haben möchte. Der wusste natürlich sofort, was ich vorhatte, und nahm ein »Kaugummi". Der frisch gelieferte Praktikant wollte natürlich sofort auch eins haben. Wir haben uns bepisst, als er sich den Ohrstöpsel doch tatsächlich in den Mund steckte. Noch besser war es, als er gar nicht aufhörte zu kauen und uns fragte, was denn los sei! Ich natürlich: »Schmeckts denn, Junge?« Er: »Na klar!"

Ich habe einen echt pingeligen Vorgesetzten. Man kann ihm kaum was recht machen. Selbstverständlich ist er selber alles andere als perfekt. Da mich das tierisch nervt und um heimlich zu beweisen, dass er doch nicht alles so super im Griff hat, habe ich schon vor Jahren begonnen, auf unserer Strichliste für den jeweiligen Kaffee-Konsum bei ihm ab und zu einen Strich zu machen. Ich mache dies sicher schon seit 8 Jahren. Pro Kaffee muss man 50 Rappen bezahlen. Ich schätze, ich habe pro Woche im Durchschnitt 3 Striche gemacht. Bei durchschnittlich 40 Arbeitswochen pro Jahr ist das ein Schaden von etwa 480 Franken in 8 Jahren. Das entspricht etwa 320 Euro. Nicht wahnsinnig viel, aber doch ganz nett.

Ich beichte, dass ich bei der Arbeit immer, wenn ein Kollege und BlackBerry-Neuling einen BB bekommt, die Weckzeit auf 4 Uhr morgens stelle. Am nächsten Tag wünsche ich dann ganz unschuldig wohl geruht zu haben.

Gestern ist mir etwas Peinliches passiert. Ich war im Büro auf Toilette und habe am Pissoir eine Stange Wasser weggebracht. Während es lief, merkte ich, dass ich wohl noch etwas Größeres wegbringen müsste. Weil ich zu faul war, alles wieder ordnungsgemäß einzupacken, lief ich mit meinem kleinen Magnus in der Hand zur Kabine. Just in dem Augenblick kam mein neuer Abteilungsleiter zur Tür hinein. Am Freitag ist das erste Mitarbeitergespräch und ich wäre am liebsten krank.

Ich (w/26) habe mir vor einigen Wochen von einer Dozentin ein Buch ausgeliehen. Ich machte es mir im Bett bequem und schmökerte stundenlang. Als ich dann schlafen wollte, brauchte ich ein Lesezeichen, um am nächsten Tag meine Lektüre fortsetzen zu können. Ich war zu faul, noch einmal aufzustehen, also nahm ich einfach eine Slipeinlage, die auf meinem Nachttisch lag, schloss das Buch und schlief ein. Leider kam ich in den nächsten Tagen nicht mehr dazu weiterzulesen, und eine Woche später musste ich das Buch zurückgeben. Als meine Dozentin das Buch in einem Seminar hochhielt, um eine Abbildung zu zeigen, fiel die Binde raus und segelte auf den Boden. Die Professorin wurde sehr rot und man konnte sofort sehen, wie peinlich es ihr war. Dann warf sie mir einen stechenden Blick zu. Ich wäre am liebsten im Erdboden versunken. Ich habe mich natürlich entschuldigt, aber was meine nächste Klausur bei ihr angeht, habe ich kein gutes Gefühl. Mir ist das alles auch extrem peinlich und ich traue mich auch nicht mehr, sie nach einem Buch zu fragen.

Damals in der Schule hatte ich eine etwas nervige Mitschülerin. Meistens habe ich eher aus Mitleid etwas mit ihr unternommen, weil keiner mit ihr was machen wollte. Nach der Schule wartete sie meistens auf mich, weil wir denselben Heimweg hatten. Nach der letzten Stunde sagte ich ihr einmal, dass ich auf Toilette müsste und sie nicht auf mich warten solle. Im Grunde hatte ich einfach in dem Moment keinen Bock auf sie. Trotzdem wartete sie vor der Schule auf mich. Ich schlich mich aus dem Schulgebäude zum Parkplatz und versteckte mich hinter den parkenden Autos, bis ich mich dann unbemerkt davonmachen konnte. Ich erinnere mich noch, wie sie vor der Schule auf mich gewartet hat. Und mir tut es heute furchtbar leid, dass ich nicht ehrlich zu ihr sein konnte.

Ich (w) war heute von der Arbeit aus (ich arbeite beim Gericht) beim Landeskriminalamt und habe mir vor dem Mittagessen einen Vortrag über den Fall einer Serienvergewaltigung von 1994 bis 2006 angehört. Obwohl ich schon länger weiß, dass ich mich von Derartigem distanzieren kann, bin ich schockiert, dass mich der Bericht in keinster Weise mitgenommen hat. Auch der zweite Vortrag über die Ermittlungen in dem Mordfall an einer Pensionistin, bei dem uns Bilder der Leiche als PowerPoint-Präsentation gezeigt wurden, war ich nicht, wie viele andere, erschrocken. Ich beichte, dass ich trotz haarsträubender Berichte und ekelerregender Bilder diese Nacht wie ein Baby schlafen werde.

Ich möchte beichten, dass ich es hasse, wenn meine Arbeitskollegen jeden Morgen in mein Büro kommen und mir alle zur Begrüßung die Hand geben. Die eine hat ziemlich raue Haut, eine Art Schuppenflechte, die andere hat eine missgebildete Hand und jemand anderes wiederum zerdrückt dir die Hand. Jeder hat so seine Eigenschaft. Ich finde es jeden Morgen immer wieder zum Kotzen. Kann man sich denn nicht einfach mit einem »Guten Morgen« begrüßen?

Ich muss meine Faulheit auf der Arbeit beichten. Ich arbeite in einem Pflegeheim. Wenn viel Stress ist, versteck ich mich heimlich unten in der Waschküche, nehme mir gemütlich belegte Wurstbrötchen und Zeitschriften mit und verschwende dort meine Zeit. An besonderen Tagen, wenn es Plätzchen oder Kuchen gibt, besuche ich auch manchmal die Speisekammer und schlage mir dort den Bauch voll. Mein Rekord an Weihnachten waren 34 Vanillekipferl. Sobald ein anderer Mitarbeiter kommt, schiebe ich irgendwelche Sachen durch die Regale, sodass er denkt, ich würde etwas tun.

Ich studiere Dirigieren an der Musikhochschule in Leipzig. Früher liebte ich die Musik. Eigentlich war ich ganz froh, lieber Bach, Brahms und Bruckner als diesen Mist, der heutzutage läuft, zu hören. Ich war irgendwie auch stolz darauf, anders zu sein. Doch seit 1 Jahr habe ich meine Liebe zur primitiven Musik entdeckt. Und seitdem hasse ich Monteverdi, Mozart und Mahler. Bewusst setze ich als Komponistennamen die 3 großen B und die 3 großen M ein. Denn für mich stehen sie für beschissene Musik. Ich sollte eigentlich dankbar sein, diesen Studienplatz zu haben, da nur wenige die Aufnahmeprüfung bestehen und noch weniger genommen werden. Aber ich habe einfach keine Lust mehr auf diese Musik. Das Einzige, was ich noch liebe, ist die Musik von Schostakowitsch, weil sie für mich so eine Perversion ausstrahlt. Passend zum Studium. Ich empfehle an dieser Stelle die 5. Sinfonie von ihm. Ich beichte, dass ich undankbar und blöd geworden bin.

216 Seiten
Preis: 12,90 € (D) | 13,30 € (A)
ISBN 978-3-86882-016-4

Robert Neuendorf (Hg.)
ALS ICH MEINE MUTTER IM SEXSHOP TRAF
Die intimsten und peinlichsten Beichten der Welt

»Mein Vibrator ist neulich gegen 01:30 früh von ganz alleine im Nachtschrank angegangen. Mir war das total unheimlich und ich konnte danach aus Angst 2 Stunden lang nicht mehr einschlafen!«

»Ich sitze hier alleine in meinem Büro und habe seit 9 Uhr morgens aufgehört zu arbeiten. Ich höre Radio, schnipse mit Papierkügelchen umher oder versuche, mich mit dem höhenverstellbaren Sessel unter dem Tisch zu verstecken.«

Über 1000 der peinlichsten, absurdesten und lustigsten Geständnisse, die Deutschland jemals gehört hat. Zu finden als ultimative Zusammenstellung in diesem Buch.

Und welche Leichen haben Sie im Keller?

Der Kult aus Facebook nun als Buch

208 Seiten
Preis 8,99 € (D) | 9,30 € (A)
ISBN 978-3-86883-201-3

NUTELLA HAT LICHTSCHUTZFAKTOR 9,7
Die volle Dosis unnützes Wissen

- Mit zugehaltener Nase kann man nicht summen.
- Kellnerinnen erhalten in der Woche, in der sie ihren Eisprung haben, mehr Trinkgeld als sonst.
- Ameisen fallen immer nach rechts um, wenn sie vergiftet werden.

Diese und über 2000 weitere unglaubliche, spannende und skurrile Fakten aus allen Bereichen des Lebens beinhaltet dieses Buch. Zusammengestellt wurden sie auf der großen Facebook-Seite »Unnützes Wissen«, die täglich Tausende Fans begeistert.

riva

Wenn Sie **Interesse** an **unseren Büchern** haben,

z. B. als Geschenk für Ihre Kundenbindungsprojekte, fordern Sie unsere attraktiven Sonderkonditionen an.

Weitere Informationen erhalten Sie bei unserem Vertriebsteam unter +49 89 651285-154

oder schreiben Sie uns per E-Mail an:

vertrieb@rivaverlag.de

riva